AtV

In der beliebten ZEIT-Serie »Meine Lehrjahre«, deren Beiträge hier erstmals zusammengefasst sind, erinnerten sich über sechzig Prominente aus Kultur, Wirtschaft, Sport und Politik an ihre Jahre auf der Schulbank und in der Universität, an Erlebnisse und Prägungen, die ihrem Leben die Richtung gaben. Bei keinem von ihnen war der Weg in den Erfolg vorbestimmt, viele schlugen Irrwege ein, mussten sich gegen Widerstände durchsetzen, Brüche in ihrer Biographie verkraften, und die wenigsten konnten auf glänzende Schulzeugnisse verweisen: Harald Schmidt etwa gab zwar schon früh den »Klassenkasper«, fiel aber in Latein durch, Ute Vogt befand sich »auf Kriegsfuß mit Pythagoras«, Rebecca Simoneit-Barum verbrachte ihre Lehrjahre in einer Zirkusschule zwischen Clownsnummern und Raubtierkäfigen, Roger Willemsen wäre beinahe Tankwart geworden, und Barbara Auer riet man, doch den Beruf einer Bibliothekarin zu wählen, statt den der Schauspielerin. Rachel Salamander berichtet von den Schwierigkeiten ihrer Familie, nach Kriegsende im Land der Täter neu zu beginnen, Günter Wallraff schildert seine Zeit als Pazifist bei der Bundeswehr, der er seine spätere Arbeitsweise des »Undercover-Rechercheurs« verdankte, und Walter Jens erzählt von einem couragierten Lateinlehrer, der mitten in der NS-Zeit seine Schüler zu eigenständigem und mutigem Verhalten erzog.

DOROTHÉE STÖBENER ist Redakteurin bei der ZEIT und Erfinderin der Serie »Meine Lehrjahre«.

Meine Lehrjahre

Prominente plaudern aus der Schule

Herausgegeben
von Dorothée Stöbener

Aufbau Taschenbuch Verlag

Mit 55 Abbildungen

ISBN 3-7466-1873-8

2. Auflage 2002

Umschlaggestaltung Preuße & Hülpüsch Grafik Design
unter Verwendung eines Fotos von Hulton Getty,
koloriert von Bert Hülpüsch
Druck Ebner Ulm
Printed in Germany

www.aufbau-taschenbuch.de

Inhalt

Harald Schmidt, 2000

Harald Schmidt, TV-Entertainer
Der Klassenkasper

Harald Schmidt, Jahrgang 1957, ist Deutschlands »Late-Night-König«. Für seine »Harald-Schmidt-Show« wurde der TV-Profi mit Preisen überhäuft. Im November 2001 lief die 1000. Sendung. Den »Dirty Harry« spielt Schmidt schon seit seiner Zeit im Gymnasium. Nach der Ausbildung an der Stuttgarter Schauspielschule arbeitete er von 1984 bis 1989 am Düsseldorfer »Kom(m)ödchen«. Seine Fernsehkarriere startete er im WDR mit der Sendung »MAZ ab!«. Für die ARD moderierte er außerdem »Verstehen Sie Spaß?« und 50 Sendungen der Nonsensshow »Schmidteinander«. Ende 2001 kehrte er für zwei Projekte auf die Theaterbühne zurück. In Benjamin von Stuckrad-Barres Dramolett »Claus Peymann kauft sich keine Hose, geht aber mit mir essen« spielte er am Berliner Ensemble die Titelrolle. Und am Bochumer Schauspielhaus trat er als Diener Lucky in Samuel Becketts »Warten auf Godot« auf.

ARAL. Das erste Wort, das ich lesen konnte, war Aral. Da war ich fünf Jahre alt und ging noch nicht in die Schule. Wie ich lesen gelernt habe, weiß ich nicht mehr, irgendwann konnte ich es halt. Meine Eltern haben mich sehr dafür gelobt. Ich bin ja leistungsbezogen aufgewachsen, nicht dieses kaputte Montessori-Denken, sondern Leistung, Leistung, Leistung. Mein Vater war Verwaltungsangestellter. Er gehörte zur Kriegsgeneration, hat nicht die Chancen gekriegt, die er vielleicht hätte kriegen müssen. Und da habe ich das als Stellvertreter nachgeholt.

Ich erinnere mich an viele Details aus meiner Schulzeit. An meine Grundschullehrerin zum Beispiel: Frau Nießner war eine strenge, ältere Dame, für mich eine Autorität, eine Art Johannes Rau im Rock. An den Mathelehrer im Gymnasium, der eine klare, solide Diktatur aufgebaut hatte. An die Mitschüler, die ich ständig verarschte. An den Pausenhof. Da stand ich immer in einer Ecke und kommentierte alles, was passierte. Ich war sehr früh Klassenkasper und bin das bis zum Schluss geblieben. Ich war eben nicht so problemlos integrierbar, schlecht im Sport, ängstlich. Deshalb habe ich mich hinter Ironie verschanzt. Mit acht oder neun Jahren bekam ich eine Brille – als erstes Kind in der Klasse. Ein Kassenmodell, graues Horngestell. Heute Kult, so was trägt Oasis, aber damals fand man das schrecklich.

Dass ich aufs Gymnasium gehen würde, stand nie infrage. Denn in der Grundschule hatte ich nur Einsen. Meine Noten blieben auch im Gymnasium erst mal gut. Nur in Betragen hatte ich bald »befriedigend«. Für meinen Vater der Horror, schlimmer als eine Fünf in Mathe. Ich war permanent vorlaut, redete im Unterricht ständig dazwischen. Verweise und blaue Briefe waren mir Wurscht, Noten irgendwann auch. Etwa in Sport. Als ich für das Abitur eine Geräteübung vorturnen sollte, habe ich mir zehn Minuten lang die Hände mit Magnesia eingerieben. Dann einmal kurz am Reck hochgezogen, das war's. Die Halle hat getobt vor Lachen, es gab Standing Ovations. Und ich bekam eine Sechs.

In der zwölften Klasse bin ich durchgefallen, mit fünf Fünfen im Zeugnis, ich hatte jahrelang kaum gelernt. In Latein konnte ich irgendwann nicht mehr erkennen, was ein Eigenname und was ein Verb ist. Einen Satz wie »Die Schiffe verlassen den Hafen« habe ich mit »Die Ithaker standen am Büfett« übersetzt. Das Abitur habe ich trotzdem geschafft. Mit der Note 2,7. Übrigens bekam ich einen Preis für den besten Deutschaufsatz. Thema: »Fleiß, Pünktlichkeit, Sauberkeit gelten als typisch bürgerliche Eigenschaften. Analysieren Sie die Begriffe und nehmen Sie dazu Stellung.«

Wichtiger als das Lernen war in den letzten Schuljahren die Vorbereitung auf meine Schauspielerkarriere. Ich war der offizielle Schul-Entertainer, habe das Schultheater geleitet. Außerdem bin ich ständig von Nürtingen, wo ich wohnte, nach Stuttgart ins Theater gefahren. Sobald ein Schauspieler dort einen neuen stimmlichen Manierismus draufhatte, habe ich den imitiert. Dass ich die Aufnahmeprüfung für die Stuttgarter Schauspielschule bestehen würde, habe ich nie bezweifelt. Von 80 Bewerbern wurden 4 ausgewählt, ich war dabei. Meine Kollegen dort hielten mich für oberflächlich. Es war damals in, nicht sprechen zu können und ständig Heulkrämpfe zu haben. Doch ich wollte schon da ganz vorne stehen, viel Licht und die meisten Lacher haben.

Die Ausbildung dauerte drei Jahre: Gruppen- und Einzelunterricht, Körpertraining, Improvisation, Sprechtraining. Ich fand das toll und wichtig. Aber ich denke, ich wäre heute nicht der, der ich bin, ohne meine Erfahrungen aus der Schulzeit. Eigentlich verwerte ich die Beobachtungen von damals permanent in meiner Show: versoffene Zahnarztfrauen, verpisste Damentoiletten auf dem Ausflug der katholischen Kirchengemeinde, die Pauker, die Streber – alles. Man muss das selbst mitgemacht haben, um es später verspotten zu können. Nicht ohne Grund gibt es keinen Komiker, der aus der Oberschicht kommt.

Aufgezeichnet von Sigrun Albert

Udo Röbel, 1968

Udo Röbel, Journalist
Rebell im Korsett

Udo Röbel, Jahrgang 1950, ist einer der bekanntesten Boulevardjournalisten Deutschlands. Von 1998 bis 2000 war er auch der mächtigste – als Chefredakteur der »Bild«-Zeitung. Die Biographie des Schulabbrechers ist voller Brüche. Den Posten als »Bild«-Lokalchef in Köln etwa gab er auf, um eine Weltreise zu machen. 1984 bekam er den Wächterpreis der Tagespresse für die Aufdeckung des schwulen Doppelgängers von General Kießling. 1988 wurde Röbel für kurze Zeit zur Symbolfigur für die Verkommenheit des Journalismus, als er in das von Kamerateams und Polizei umlagerte Fluchtauto der Geiselgangster von Gladbeck einstieg und ihnen den Weg aus der Kölner Innenstadt zeigte. Nach seiner Zeit als Chefredakteur bei »Bild« wechselte er als Chef zur online-Ausgabe »bild.de« und war Content-Vorstand bei der Bild-T-Online.de AG. Beide Posten gab er im Herbst 2001 auf, um als Krimi-Autor zu arbeiten.

Ich habe die Schule gehasst. Mit 15, 16 Jahren wollte ich nur noch eins: raus. Diesen Wunsch muss man in die Zeit einordnen. 64, 65 – das waren die Beatles, die Stones, das war eine rebellische Jugend. Ausläufer dieser Stimmung haben uns auch in der Provinz erreicht. Ich war in Neustadt in der Pfalz auf einem humanistischen Gymnasium. Viele unserer Lehrer waren im Krieg gewesen. Sie kamen zurück mit einem zerbrochenen Wertesystem, waren voll und ganz mit ihrem eigenen Schicksal beschäftigt. Alte, verbohrte Knochen. Auf die Jugend wollten sich die wenigsten einlassen. Ich erinnere mich an eine Szene, die diese Zeit ganz gut beschreibt. Die Oberprima sang im Treppenhaus der Schule einen Werbespot für Angora-Unterwäsche: »Wenn's stürmt oder schneit, wir sind stets gefeit, denn wir tragen heute Medima.« Das galt als »Aufruhr«. Drei Tage lang wurde untersucht, wer ihn angezettelt hatte.

Schule war ein unerträgliches Joch, ein Korsett. Hinzu kommt, dass ich ein strunzfauler Schüler war. Eine Weile ging das gut. In der Grundschule war ich sogar ein Einser-Schüler. Ein Zentner Kartoffeln, wie viel Pfund sind das? In diesen Umrechnungsaufgaben war ich brillant. Irgendwann aber reichte Talent allein nicht mehr aus. Das war so in der achten Klasse. Weil bei schlechten Noten zu Hause die Hütte brannte, habe ich angefangen, Klassenarbeiten zu fälschen. Ich habe sie noch mal geschrieben und mit roter Tinte selbst korrigiert. Gut war ich in Deutsch. Mit 16 habe ich den Wettbewerb »Literatur für Anfänger« des Hessischen Rundfunks gewonnen. 70 Zeilen zum Thema Schulausflug. Ich habe versucht, die Montagetechnik von Raymond Queneau anzuwenden. Seine Stilübungen waren mein Lieblingsbuch.

Zu dieser Zeit habe ich auch begonnen, mich für den Journalismus zu interessieren. Eigentlich wollte ich ja Kriminalkommissar werden. Aber ich scheute die mühselige Ausbildung. Und Verbrechen und Mord konnte ich auch im Journalismus haben, dachte ich mir. Für 12 Pfennig die Zeile schrieb ich für die Hasslocher Lokalseite der »Rheinpfalz«. Hassloch hatte 54 Vereine, jede Woche gab es eine Vereinsversammlung. Dort schlug ich mir meine Abende und Nächte um die Ohren. Da war keine Zeit für Schule. Die zwölfte Klasse musste ich wiederholen. Wegen Griechisch und Mathematik. Und als ich mal wieder eine Sechs in Mathe mit einem hämischen Kommentar des Lehrers zurückbekam, bin ich aufgestanden und habe gesagt: Das war's!

Am nächsten Tag habe ich bei der »Rheinpfalz« als Volontär angefangen. Das wäre heute undenkbar. Eine gute Ausbildung ist ein Muss für die jungen Leute. Trotzdem. Wenn ich einen Bewerber für ein Volontariat vor mir sitzen habe, zählt für mich neben der Ausbildung vor allem, ob er Leidenschaft für die gute Story hat. Ich will wissen: Geht der über 100 Prozent? Außerdem schaue ich auf die Allgemeinbildung. Ich frage mich schon, was da in der Schule schief läuft, wenn einer Churchill für einen amerikanischen Präsidenten hält. Trotz Abi, trotz Studium. Was die Allgemeinbildung angeht, habe ich in meiner Schule schon einiges mitgekriegt. Und wenn sich nur einer der Lehrer ernsthaft mit mir als Mensch auseinander gesetzt hätte, dann hätte er mir vielleicht auch die Faulheit austreiben können.

Für Kinder, die – wie ich damals – von zu Hause nicht gefördert werden können, finde ich, müssen Lehrer in gewissem Maß eine Elternfunktion übernehmen. Aber ich habe dem Abitur und einem Studium nie nachgetrauert. Höchstens dem Studentenleben. Mit 32 – ich war Chef von »Bild Köln« – bin ich für ein Jahr ausgestiegen. Bin von Alaska nach Mittelamerika getrampt. Das war klar Nachholbedarf.

Im Nachhinein betrachtet, habe ich instinktiv die richtigen Entscheidungen getroffen. Vor einem Jahr war ich seit langer Zeit mal wieder auf einem Klassentreffen. Ich bin nicht übermäßig eitel. Aber ich gebe zu, es war schon ein gutes Gefühl zu sehen, dass ich es als Schulabbrecher eigentlich von allen am weitesten gebracht habe. Eine Mitschülerin, die Conny, wollte sogar ein Autogramm für ihre Tochter. Ich war immer auf mich allein gestellt. Das war eine harte Schule, aber eigentlich die beste.

Aufgezeichnet von Dorothée Stöbener

Miriam Meckel, 1974

Miriam Meckel, Publizistikprofessorin
Mit »Dallas« zum Doktortitel

Miriam Meckel, Jahrgang 1967, ist seit März 2001 Staatssekretärin und Regierungssprecherin des Landes Nordrhein-Westfalen. Erfahrung mit den Medien hat die »Frau der Blitzerfolge« in Theorie und Praxis ausreichend gesammelt. Nach ihrem Abitur (Note 1,2) studierte sie Publizistik und Kommunikationswissenschaft, Sinologie, Politikwissenschaft und Jura an den Universitäten Münster und Taipei. Mit 26 war sie promoviert und arbeitete als Chefin vom Dienst und Moderatorin bei »RTL West Live«, später als Moderatorin, Live-Reporterin und Autorin beim Westdeutschen Rundfunk. Mit 31 wurde sie ohne Habilitationsschrift als ordentliche Professorin für Publizistik- und Kommunikationswissenschaften berufen und als »jüngste Professorin Deutschlands« selbst zum Medienereignis.

Vor meinem ersten Schultag lag ich nachts im Bett und habe geheult. Irgendwie war mir klar: Mist, ab jetzt kannst du nicht mehr einfach tun und lassen, was du willst. Weil ich erst kurz vor der Einschulung sechs Jahre alt wurde, musste ich ein paar bekloppte Tests machen: mit der rechten Hand über den Kopf an mein linkes Ohrläppchen greifen und mit der linken Hand an mein rechtes Ohrläppchen. Als dritte herausragende Übung sollte ich einen Bleistift auf der hochgerollten Oberlippe festhalten. Die Grundschule war dann aber doch für mich wie ein kleines Zweitzuhause. Ich habe sie nie als Stress empfunden. Danach bin ich auf das Gymnasium gegangen, das mein Vater leitete. Wenn ich morgens zu spät kam, stand er im Foyer und hat einen kleinen Aufstand gemacht. Ich habe mich nicht wahnsinnig für die Schule angestrengt. Mir hat der Unterricht in den meisten Fächern einfach Spaß gemacht. Dadurch war ich mit den Gedanken bei der Sache, habe alles mitgekriegt und abgespeichert. In Englisch und Deutsch zum Beispiel hatte ich in der Oberstufe Lehrer, die auch mal Texte jenseits der klassischen Abhakliste auswählten. Außerdem durften wir selbst Bücher vorschlagen. Ich wünschte mir Fabian von Erich Kästner.

Es ist in der Regel ja nicht das Fach, das einen langweilt, sondern die Art, wie es präsentiert wird. Dass ich Physik nicht mochte, das lag – glaube ich – nicht an mir. Geisteswissenschaftler trauen sich, Inhalte auch mal spielerisch umzusetzen. Naturwissenschaftler setzen dagegen auf eine faktenorientierte Stoffvermittlung. Ich bedauere heute, zu manchen Themen in der Schule auf diesem Weg keinen Zugang gefunden zu haben. Als die Schule vorbei war, habe ich ein bisschen getrauert. Bei der Abi-Feier standen wir mit dem Sektglas auf dem Schulhof und hatten Tränen in den Augen. Aber ich freute mich auch aufs Studium. Von zu Hause weggehen, mein Leben allein gestalten. Ich bin von Düsseldorf nach Münster gezogen und habe Publizistik, Sinologie und Politik studiert. Und nebenbei noch Jura. Strukturiertes Denken – das habe ich bei den Juristen gelernt. Ich kann heute jedes Thema innerhalb von fünf Minuten in eine sinnvolle Gliederung bringen. Jura habe ich nicht abgeschlossen, weil ich in Publizistik schon dabei war zu promovieren. Dafür habe ich mir genau ein Jahr gegeben.

Gutes Zeitmanagement hatte ich mir schon als Schülerin antrainiert. Konzertreisen mit dem Orchester, in dem ich Posaune spielte, Nachhilfe geben, mit Freunden rumziehen – das musste ich damals alles unter einen Hut bringen. Als ich promovierte, bin ich also jeden Morgen um neun Uhr aufgestanden, habe Brötchen geholt und mir alte »Dallas«-Folgen im Fernsehen reingezogen. Dann habe ich vier Stunden gearbeitet, eine lange Mittagspause gemacht und mich noch mal vier Stunden hingesetzt. Mein Glück war, dass ich sehr selbstständig arbeite. Ich war während der Promotion nur ganze drei Mal bei meinem Professor in der Sprechstunde. Wer mehr Dialog braucht, hat oft Pech, denn an der Universität herrscht die organisierte Unverantwortlichkeit.

Nach der Promotion habe ich das Regionalmagazin »RTL West Live« moderiert. Reichlich journalistische Erfahrung hatte ich ja schon während des Studiums gesammelt. In der Nachrichtenredaktion des WDR und in Taipei bei der »voice of free china«, der »Deutschen Welle« für Taiwan. Dann kam aus Münster das Angebot für eine Vertretungsprofessur. Die suchten jemanden mit Medienpraxis. Dass aus der Vertretung mehr werden würde, hätte ich nicht gedacht. Die Universität beruft kaum Frauen, noch weniger junge Frauen und schon gar keine jungen, nicht habilitierten Frauen. Aber ich wollte es wenigstens versuchen. Ich hatte ein paar Bücher publiziert und eine Reihe von Aufsätzen, also hat man eine Habilitationsadäquanz – auch ein schönes Universitätswort – festgestellt. Gute Karten hatte ich beim »Vorsingen«, dem Probevortrag. Etwas mündlich zu präsentieren, das ist eine meiner Stärken. Ich habe es geschafft, und nach mir wurden noch ein, zwei andere Frauen mit dem Label »jüngste Professorin« durch die Gazetten gereicht. Es bewegt sich etwas, aber unheimlich langsam. Nach wie vor sind nur etwa fünf Prozent der Professorenstellen in Deutschland mit Frauen besetzt. Mehr muss man dazu nicht sagen.

Aufgezeichnet von Dorothée Stöbener

Rebecca Siemoneit-Barum, Schauspielerin
Das fahrende Klassenzimmer

Rebecca Siemoneit-Barum, Jahrgang 1977, spielt seit 1990 die Rolle der sich an bürgerlichen Erwartungen abarbeitenden Iffi Zenker in der ARD-Serie »Lindenstraße«. Die eigentliche Berufung der Schauspielerin aber ist der Zirkus. Schon als Fünfjährige trat die Tochter des berühmtesten deutschen Raubtierdompteurs Gerd Siemoneit-Barum als Artistin auf. Heute ist sie mit dem Luftakrobaten Pierre Bauer verheiratet, mit dem sie zwei Kinder hat. Und sie bereitet sich auf eine Rolle vor, die ihr ganz natürlich vorkommt. Sie will die Nachfolge ihres Vaters antreten: als Zirkusdirektorin.

Ein alter Zirkuswagen mit Oberlichtfenstern und Parkett – das war mein erstes Klassenzimmer. Mein Vater ist Direktor des Zirkus Barum und hatte in diesem Wagen eine eigene Zirkusschule eingerichtet. Dort gab es alles, was eine richtige Schule braucht: Atlanten, Bücher, Bänke – und eine Lehrerin. Bei uns kamen öfter mal Leute von der Presse vorbei, weil unsere Zirkusschule als besonders vorbildlich galt. Wir waren zehn Kinder in der Klasse, alle in einem anderen Alter. Deshalb lernte jeder still für sich, das war ein ruhiges, konzentriertes Arbeiten. Nur zwei meiner Klassenkameraden waren deutsche Kinder, die anderen kamen aus Italien, Spanien, Frankreich, der Schweiz. So lernte ich viel über fremde Kulturen und andere Sprachen. Ich bin zweisprachig aufgewachsen, meine Mutter ist Engländerin; und außer Englisch und Deutsch spreche ich Russisch, Französisch und ein bisschen Italienisch.

Sechs Jahre lang ging ich in die Zirkusschule; es war eine herrliche Zeit. In der Pause spielten wir zwischen den Wagen, und nach dem Unterricht trainierten wir für unsere Auftritte im Zirkus. Mit drei Jahren begann meine artistische Ausbildung: Ich lernte den Spagat, machte einfache Dehnungsübungen. Als ich das erste Mal in der Manege stand, war ich fünf Jahre alt: Ich durfte eine Ziegendressur vorführen. Das Rampenlicht, den Applaus, mein eigenes Kostüm – das habe ich sehr genossen. Später trainierte ich für eine Nummer als Schlangenmensch, mit der ich auch auftrat. Im Herbst 1989 war meine Zeit im Zirkus und in der Zirkusschule vorbei. Ich bekam die Rolle der Iffi Zenker in der Lindenstraße. Meine Eltern mieteten für mich und meine Patentante in Köln eine Wohnung, während sie weiter mit dem Zirkus durchs Land zogen. Und ich ging in Köln in die Schule, in das Erzbischöfliche Ursulinengymnasium. Es war eine große Umstellung, plötzlich mit 35 Mädchen in einer Klasse zu sein. An die ersten beiden Jahre in Köln habe ich nur noch eine Erinnerung: Weinen. Ich fühlte mich einsam, so weit weg von meiner Familie. Und das Lindenstraßen-Team war auch kein richtiger Familienersatz. Ich will meinen Kollegen keinen Vorwurf machen, denn am Dreh war ich immer das lustige Mädchen. Die konnten ja nicht ahnen, dass ich nachts die Kissen vollheulte.

In der Schule war ich eine Exotin, anfangs interessant, später eher Außenseiterin. Ich hatte nur eine richtige Freundin. Meine Noten waren zunächst in Ordnung. Richtig Spaß gemacht hat mir Englisch – und besonders Deutsch. Da habe ich alles aufgesogen: Novellen, Dramen, Romane. Und daheim selbst Kurzgeschichten geschrieben. Meinen Deutschlehrern bin ich sehr dankbar, dass sie meine Liebe zur Literatur geweckt haben. Allerdings hatte ich bald Schwierigkeiten in Mathematik. Der Mathe-Lehrer war ein schrecklicher Mann, fast wie ein böser Zauberer aus einem Märchen. In der achten Klasse blieb ich wegen der schlechten Mathe-Note hängen. Auch danach wurde es nicht besser. Ich war unglaublich faul, machte nie Hausaufgaben. Nichts hat mich mehr interessiert. Als ich 16 Jahre alt war, bekam ich das Angebot, für den WDR die Jugendsendung »Lollo Rosso« zu moderieren. Ich lebte mittlerweile allein in einer Wohnung, versorgte mich selbst, moderierte eine Sendung – da schien es mir einfach kindisch, tagsüber in der Schule Befehle zu empfangen. Meine Noten wurden noch schlechter, Eltern und Lehrer waren verzweifelt. Ich bin dann schließlich mit 16 Jahren von der Schule gegangen, ohne Abschluss, nur mit einem schlechten Zehnt-Klass-Zeugnis.

Ich bereue es eigentlich nicht, dass ich die Schule abgebrochen habe. Mir ist aber klar, dass ich mit meinen Zeugnissen einen schweren Stand im normalen Berufsleben hätte. Und obwohl meine beiden Kinder noch sehr klein sind, mache ich mir schon Gedanken über ihre Schulzeit. Sie sollen Spaß haben und in einer schönen Umgebung lernen. Toll wäre so eine wunderbare Zirkusschule, wie ich sie besucht habe.

Aufgezeichnet von Sigrun Albert

Wolfgang Hilbig, 2000

Wolfgang Hilbig, Schriftsteller
Der Dichter im Kesselhaus

Wolfgang Hilbig, Jahrgang 1941, wuchs als Halbwaise in der Familie seines Großvaters, eines Bergarbeiters, in Meuselwitz bei Leipzig auf. Nach der Volksschule wurde er Bohrwerkdreher. Er arbeitete als Werkzeugmacher, Monteur und Tiefbauarbeiter, schließlich als Heizer. 1967 delegierte ihn sein Betrieb in den »Zirkel schreibender Arbeiter«. 1978 wurde der Autodidakt nach seiner ersten Publikation im Westen entdeckt und in der DDR verhaftet. Mit einem Visum reiste er 1985 in die Bundesrepublik aus. In seinen Werken beschäftigte er sich jedoch weiter mit dem Leben in der DDR. »Ich«, eine Stasi-Geschichte, gehört zu den Klassikern der Wendeliteratur. Erst mit seinem 2000 erschienenen Buch »Das Provisorium« übersiedelte Hilbig auch literarisch. Der stark autobiographisch gefärbte Roman schildert seine Ankunft im Westen, die von Heimweh nach der DDR übeschattet ist.

Mein Großvater war gegen das Lesen. Er kam aus der polnischen Ukraine, aus einem winzigen Dorf, wo er als Hütejunge aufgewachsen war. Ein Analphabet, der nur seine Unterschrift kannte. Die hatte man ihm irgendwann beigebracht, damit er seine Lohnzettel unterschreiben konnte. Wenn sich jemand hinsetzte und las, war das für ihn verschwendete Zeit. Ich las trotzdem. Alles Gedruckte, was mir in die Finger fiel, auch übelstes Zeug wie Western- und Spionageheftchen. Die gab es zwar offiziell in der DDR nicht, sie wurden aber über West-Berlin eingeschmuggelt und in der Schule getauscht und vertrieben. Mit 14 habe ich dann selbst eine Seeräubergeschichte verfasst. Vorbild war »Die Schatzinsel« von Robert Louis Stevenson – mein Lieblingsbuch. Die Mitschüler fanden meine Geschichte spannend, und ich schrieb von nun an mehr solcher Heftchen. Unmengen davon, ganze Koffer voll. Selbst ein paar Lehrer haben welche gelesen und hielten sie für interessant – auch wenn diese Hefte natürlich nicht erwünscht waren. Ansonsten habe ich die Schule immer bloß an mir vorüberziehen lassen. Sie war ein notwendiges Übel, das mich, glaube ich, schrecklich gelangweilt hat.

Nach der Schule habe ich drei Jahre in einem Industriebetrieb Bohrwerkdreher gelernt. Dazu kam ich wie die Jungfrau zum Kind: Jeder von uns wurde irgendwohin verteilt. Natürlich hatte man Wahlmöglichkeiten, mir war es aber gleichgültig, was ich werde. Eigentlich wollte ich nur schreiben. Von meinem ersten Lehrlingsentgelt, das waren 80 Mark, habe ich mir eine E.T.A.-Hoffmann-Gesamtausgabe gekauft. Romantiker, dafür habe ich mich interessiert. Von ihnen habe ich zunächst abgekupfert. Von Hoffmann oder von Tieck, Eichendorff, Novalis. Die unheimliche Atmosphäre in ihren Arbeiten, die gespaltenen Figuren haben mich beeindruckt. Da war irgendetwas Befremdliches. Wahrscheinlich habe ich mich in ihren

Werken wiedergefunden: Als Schriftsteller oder eingebildeter Schriftsteller in so einer Umwelt – mit Leistungslohn und Dreischichtsystem – zu stecken hat auch etwas Befremdliches.

Meine Lehrjahre habe ich als Belästigung empfunden. Es war auch eine ungute Zeit damals, von 1957 bis 60. Kalter Krieg. Im Lehrwerk war jeden Montag Fahnenappell, und jeden Montag waren wir wieder ein paar Lehrlinge weniger, weil alle nach dem Westen abgehauen sind. Ich hätte natürlich auch abhauen können, aber auf die Idee kam ich komischerweise nicht. Ich frage mich, warum. Für mich war es wohl eine Welt, aus der es kein Entkommen gab. Wenn man an der Produktionsfront stand – die haben das wirklich Front genannt –, gab es höchstens die Möglichkeit, zwischen einzelnen Plätzen innerhalb dieser Front zu lavieren, doch raus kam man nicht.

Irgendwann ist es mir gelungen, mich zu den Maschinenschlossern versetzen zu lassen. Doch da es im Betrieb keine Heizer gab, wurde zu Winteranfang immer irgendein Schlosser als Heizer ins Kesselhaus abgestellt. Das passierte mir auch. Die meisten wollten da nach vier Wochen wieder raus. Ich blieb. In einem Umfeld, das mit Literatur nichts zu tun hat, sie nicht wahrnimmt. Ich habe mir aber einfach gedacht: »Hier bin ich für mich allein, hier guckt mir keiner auf die Finger.«

Ich wollte mit der Wirklichkeit, in der ich lebte, nichts zu tun haben und habe es lange vermieden, darüber zu schreiben. Erst später ist mir klar geworden, dass diese Industriewelt inmitten von urwaldartigen Braunkohlewäldern Bilder erzeugt. Bis dahin aber habe ich von den Romantikern sogar die Schauplätze kopiert. Es entstand eine Spannung zwischen dem, was in mir passierte, und dem Äußeren. Diese Zeit hatte etwas Provisorisches, und jeder Tag war ein neuer Test: Wie komme ich da durch?

Aufgezeichnet von Wenke Heß

Annette Schavan, 1962

Annette Schavan, Bildungspolitikerin
Mitarbeit gut, Mathe schlecht

Annette Schavan, Jahrgang 1955, wird nachgesagt, sie sei ein politisches Naturtalent. 1995 holte Erwin Teufel die in Jüchen bei Neuss geborene Politikerin für das Amt der Kultusministerin ins Baden-Württembergische Kabinett. 1998 wurde sie stellvertretende Bundesvorsitzende der CDU, 2001 war sie Präsidentin der Kultusministerkonferenz. Bei Bildungspolitikern und Pädagogen hat sie sich längst einen guten Ruf erworben. Sie flexibilisierte die Einschulung, machte sich für den Fremdsprachenunterricht ab der 1. Klasse stark und öffnete einen kürzeren Weg zum Abitur. Zum Eingreifen verpflichtet fühlte Schavan sich schon als Jugendliche: Mit gerade zwanzig Jahren engagierte sie sich im Schul- und Umweltausschuss ihrer Heimatstadt, von 1982 bis 1984 saß sie im Stadtrat. Sie studierte Philosophie und katholische Theologie, promovierte mit einer Arbeit über Gewissensbildung und leitete von 1988 bis 1995 das bischöfliche Cusanuswerk – bis dahin eine Männerdomäne.

Mein erster Schultag im Frühjahr 1962 war unspektakulär. Meine Mutter hat mich auf dem Schulweg begleitet, das war's. Wenn ich heute bei Einschulungen dabei bin, erlebe ich jedes Mal ein Riesenfest: die ganze Familie reist an, es gibt einen Empfang, der zwei Stunden dauert, und am Nachmittag wird zu Hause weitergefeiert. Ich finde es nicht schlecht, dass man uns damals in Ruhe hat beginnen lassen. Auch die Wahl des Gymnasiums war unspektakulär. Meine Eltern haben nur gefragt, ob ich lieber auf die Schule will, zu der man mit dem Bus fahren muss, oder auf das Gymnasium, das zehn Gehminuten von uns entfernt lag. Da mir im Bus schlecht wurde, fiel die Entscheidung leicht.

In meiner Zeit am Nelly-Sachs-Gymnasium in Neuss ist bei mir die Lust geweckt worden, Veränderung mit in Gang zu bringen. 1974, als ich Abitur machte, wurde in der Stadt ein Schulentwicklungsplan diskutiert, der vorsah, unser Gymnasium aufzulösen. Ich war Schülersprecherin und saß als »sachkundige Bürgerin« im Schulausschuss. Ich wollte für meine Schule kämpfen. Doch die entscheidende Ausschusssitzung lag genau in der Woche meines mündlichen Abiturs. Ich hatte die Wahl, mich intensiv auf die Sitzung oder auf die Matheprüfung vorzubereiten. Ich entschied mich für die Sitzung. Ergebnis: Ich bekam eine schlechte Mathenote, die mir aber später nie geschadet hat – und meine Schule besteht heute noch.

Einer meiner Lieblingssätze lautet: Bildungspolitik muss Kinder und Jugendliche ernst nehmen. Und wir wurden damals ernst genommen. Als ich Schülersprecherin war, führten wir »politische Wochen« ein: Wir setzten Themen und luden dazu Politiker in unsere Turnhalle ein, die jeden Mittag gerammelt voll war. Damals wurde noch viel diskutiert, das war der Nachklapp von 1968. Wochenlang haben wir uns beispielsweise die Köpfe heiß geredet, ob es nun eine Abifeier geben soll oder nicht. Wir beschlossen: Keine Feierlichkeiten. Also weiß ich von meinem Abiturtag nur noch, dass wir unser Zeugnis im Musiksaal abholten und die Schulleiterin mir für meine Zeit als Schülersprecherin die gesammelten Erzählungen von Thomas Mann schenkte. Dessen Literatur hatten wir aber im Unterricht so lange durchgekaut, dass es Jahre dauerte, bis ich diese Erzählungen zum ersten Mal aufgeschlagen habe.

Ich war nie unter den Klassenbesten. Aber in den Fächern, die mich interessierten, habe ich mich engagiert und brachte gute Leistungen. Und dass man manches nicht so gut kann, gehört einfach zur Schulerfahrung. In der Mittelstufe musste ich einmal einen Fantasieaufsatz über einen Ausflug zum Mond schreiben. Ich dachte: Woher soll ich denn wissen, wie es da aussieht? Prompt stand unter meiner Arbeit: »Liebe Annette, dies hätte auch ein Ausflug ins Sauerland sein können.« Damit war das Thema Fantasieaufsätze für mich abgehakt. Genauso wie der Hochsprung: Statt über die Stange zu springen, habe ich das Ding jedes Mal in die Hand genommen. Oder Mathematik. Der Jahrgang nach uns machte das Abitur bereits im Kurssystem, konnte lästige Fächer also einfach abwählen. Wir nicht. Mathematik war Pflicht bis zum Schluss. Und – das mag vielleicht eigentümlich klingen – ich bin froh darüber. Denn das Erste, was ich im Studium belegen musste, war Statistik römisch eins und römisch zwei – obwohl ich katholische Theologie, Philosophie und Erziehungswissenschaften studiert habe.

In den Jahren an der Universität in Bonn konzentrierte ich mich ganz auf mein Studium. Ich engagierte mich zwar auch in der Kommunalpolitik – aber eher auf Sparflamme. Meine Fächer hatten mich gepackt – allen voran die Theologie.

Groß geworden mit dem rheinischen Katholizismus, wollte ich wissen, was dran ist: Wie ist das mit der Gottesfrage? Wie ist Gott für einen Menschen im 20. Jahrhundert nach Auschwitz denkbar und vermittelbar? Stark geprägt wurde ich von Franz Böckle. Er hat als Moraltheologe Politik und theologische Ethik zusammengebracht und mich gelehrt, dass Christentum nichts rein Introvertiertes ist, sondern dass dazu ein aufmerksames Wahrnehmen der Welt gehört.

Aufgezeichnet von Dorothée Stöbener

Margot Käßmann, 1999

Margot Käßmann, Bischöfin
Entscheidung in Amerika

Margot Käßmann, Jahrgang 1958, ist eine Karrierefrau par excellence und Mutter von vier Töchtern. Mit 25 Jahren war Deutschlands prominenteste Protestantin beim Ökumenischen Rat der Kirchen in Genf. Sie hat über »Armut und Reichtum als Anfrage an die Einheit der Kirche« promoviert und wurde mit 36 Generalsekretärin des Evangelischen Kirchentages. Im Juni 1999 folgte die Wahl zur Bischöfin der Evangelisch-Lutherischen Landeskirche Hannover, als zweite Frau an der Spitze einer Landeskirche nach Maria Jepsen in Hamburg. Der Vorstellung konservativer Protestanten entspricht die Frau, die sagt »Feminismus ist für mich kein Fremdwort«, nicht. Ihr Mann, der Pfarrer Eckhard Käßmann, ist seit ihrer Wahl zur Bischöfin Hausmann und für die Töchter da. 2001 erschien ihr Buch »Erziehen als Herausforderung«, in dem sie bekennt, dass auch ihr gegenüber den Kindern schon einmal »die Hand ausgerutscht« sei.

Meine Eltern waren erstaunt, als ich ihnen erzählt habe, dass ich Theologie studieren will. Zwar ist meine Mutter eine fromme Frau, der es wichtig war, dass wir jeden Sonntag in die Kirche gingen, uns dort engagierten und im Posaunenchor spielten. Ein Studium aber war für meine Eltern etwas Außergewöhnliches – und Theologie schien ihnen zu praxisfern. Meine Mutter war Krankenschwester, mein Vater Kfz-Schlosser. Zusammen betrieben sie eine Werkstatt mit Tankstelle im Marburger Land. Meinem Vater wäre es wohl lieber gewesen, wir drei Töchter hätten seine Lehrlinge geheiratet und den Betrieb übernommen. Als ich aber 1975 aus den USA zurückkam, stand mein Studienwunsch fest. Ein Jahr als Austauschschülerin auf einem amerikanischen Internat lag hinter mir – die lebensentscheidende Phase meiner Schulzeit. Zum ersten Mal hatte ich den Mut gefunden, weit weg von zu Hause leben zu wollen. Mit mir ist viel passiert in dieser Zeit. Nach dem Ende des Vietnamkrieges tobte in Amerika eine Auseinandersetzung um Krieg und Frieden, es war die Zeit der Bürgerrechtsbewegung. Martin Luther King hat mich damals sehr fasziniert. Durch ihn wurde mir zum ersten Mal klar, wie sehr christlicher Glaube und soziales Engagement miteinander verknüpft sein können.

Mit dem Theologiestudium habe ich dann in Tübingen angefangen. Zwischendurch jobbte ich in einer Schokoladenfabrik oder verkaufte Kuckucksuhren. Gleich im ersten Semester ermutigte mich mein Hebräischlehrer, mich beim Evangelischen Studienwerk Villigst zu bewerben. Das war erfolgreich, und ich erhielt ein Stipendium. Villigst war gleichzeitig eine wichtige intellektuelle Erfahrung, weil ich dort mit Studierenden sämtlicher Fachrichtungen zusammenkam. Ich war beeindruckt, wenn ich hörte, mit welcher Sicherheit manche Studenten theologische Begriffe verwandten und über die verschiedensten philosophischen Probleme debattierten. Trotzdem habe ich mich von solchem Imponiergehabe wenig blenden lassen. Und wenn Menschen heute sagen, dass meine Sprache verständlich sei, dann liegt das auch daran, dass ich gar nicht erst versucht habe, mir so viele Fremdwörter wie möglich anzueignen, nur um mitzuhalten.

Die ersten Semester habe ich nach Lust und Laune studiert, weil ich die Inhalte so aufregend fand. Von Tübingen ging ich ein Jahr nach Edinburgh, von dort nach Göttingen und später nach Marburg, wo auch mein Mann studierte. Ich fand es wichtig, mir durch die verschiedenen Studienorte viel Offenheit zu bewahren. Schließlich wurden an jeder dieser Universitäten unterschiedliche theologische Ansätze gelehrt. Richtig energisch wurde ich erst in den letzten Semestern, da wollte ich so schnell wie möglich fertig werden. Dann stand auch langsam fest, dass ich gern als Pastorin arbeiten würde.

Gleichberechtigung war für mich lange etwas Selbstverständliches. Bis zu dem Zeitpunkt, als mein Mann und ich ordiniert werden sollten. Ich hatte eine kleine Tochter und war mit Zwillingen schwanger, und alle waren sich einig, dass sogar eine halbe Pfarrstelle zuviel für mich sei und ich erst mal Erziehungsurlaub nehmen solle. Und so saß ich dann auf meinem Dorf, in Spieskappel, konzentriert allein auf die Kinder und den Haushalt. Als richtige Sackgasse habe ich das empfunden.

Dennoch waren es dann gerade Männer, die mich förderten und sagten: Nutze die Zeit und promoviere. Ich selbst wäre nie auf diese Idee gekommen. Also habe ich mir eine Tagesmutter besorgt und jeden Tag, zwei Jahre lang, von acht bis zwölf studiert, gelesen und geforscht. Und ab zwölf habe ich dann mit Lust und Liebe Legotürme gebaut, Windeln gewaschen und Brei gekocht. Seit ich Bischöfin bin, fragen mich viele, ob ich eine Karrierefrau sei. Ich mag dieses Wort nicht. Es klingt, als ob man alles links und rechts liegen lässt, nur um sein Ziel zu erreichen. Ich hatte das Glück, immer Menschen um mich zu haben, die mich antrieben. Und die Angst vor der eigenen Courage habe ich mit den Jahren bewältigt.

Aufgezeichnet von Jeannette Otto

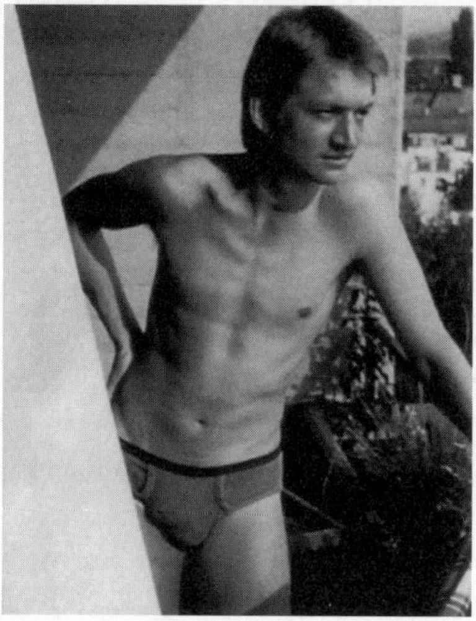

Tom Stromberg, 1981

Tom Stromberg, Intendant
Wild in Wilhelmshaven

Tom Stromberg, Jahrgang 1960, gilt als schnittiger Manager der Theater-Szene. Immer gut angezogen und mit den besten Kontakten, ein sehr heutiger Impresario, das Handy stets griffbereit und mit eigener Homepage (www.tom-stromberg.de). Im August 2000 übernahm er die Intendanz des renommierten Hamburger Schauspielhauses, wo ihm schon in der ersten Saison eine steife Brise Kritik entgegen wehte. Aber Stromberg ist Kummer gewohnt. Er war Leiter des Kulturprogramms der Expo in Hannover, bei der der Wilhelmshavener unter anderem den 24-Stunden-«Faust« von Regisseur Peter Stein stemmte. Außerdem kennt er das »Theater um das Theater« schon von zu Hause. Sein Vater war Stadt-Intendant in Wilhelmshaven, Augsburg und Trier. Tom Strombergs Karriere begann 1986 in Frankfurt am TAT. Stromberg war dort bis 1996 zunächst Dramaturg, Chefdramaturg, Mitglied der Künstlerischen Leitung und schließlich Intendant.

Die erste Frau, die mich verlassen hat, war Frau Nieswand. Ich war schrecklich in sie verliebt, und als sie in Pension ging, habe ich geweint. Ich weiß nicht mehr, ob sie schön war, aber sie war eine tolle Volksschullehrerin. Im Wettrechnen war ich ihr Musterschüler: Wir sollten alle der Reihe nach aufstehen und Rechenaufgaben lösen. Wer das Zwischenergebnis nicht wusste, musste sich setzen. Ich war fast immer Finalist! Auch auf dem Gymnasium in meiner Heimatstadt Wilhelmshaven war ich ein guter Schüler. Unsere Schule war ein Sammelbecken für alle Lehrer, die woanders rausgeflogen waren, weil sie zu links waren oder Mädchen angegraben hatten – ein sehr liberaler Ort.

Dann wurde mein Vater Intendant am Augsburger Stadttheater, und ich kam auf ein katholisches Jungsgymnasium. Die Lehrer dort waren Wahnsinnige, die die Zeigestöcke im Takt schwangen, wenn sie Vokabeln abfragten. Von einem Tag auf den anderen hatte ich nur noch schlechte Noten. Ich trieb mich mit den Losercliquen herum, ging in Spielhallen, drehte völlig ab und blieb zweimal sitzen. Kurz bevor ich ohnehin von dieser Schule geflogen wäre, besuchten meine Eltern mit mir ein Internat. Wir wurden von einer Frau in Schwesterntracht begrüßt und sollten in Puschen schlüpfen, bevor wir das Haus betraten. Ich stand strumpfsockig vor meinen Eltern und sagte: »Wenn ihr mich auf dieses Internat schickt, bringe ich mich um.« Ich kam dann auf eine andere Schule, aber meine Noten wurden nicht besser. Mein Vater war Regisseur und Intendant, meine Mutter Tänzerin, mein Großvater Architekt – alle wollten, dass ich Abitur mache. Ich auch, denn ich dachte, wenn ich Abi habe, habe ich alles abgeleistet, was man im Leben so leisten muss. Ich schlug meinen Eltern einen Deal vor: Sie zahlen mir eine Wohnung in Wilhelmshaven – und ich mache auf meiner alten Schule das Abitur.

Es klappte. Mit 17 zog ich von zu Hause aus. Ich war vogelfrei. Wenn ich blaumachte, fälschte ich einfach die Unterschrift meiner Eltern. Im Deutschleistungskurs fehlte ich aber selten, denn ich hatte einen hervorragenden Lehrer, Herrn Kannenberg. Oft denke ich, ich müsste mal bei ihm klingeln und mich für alles bedanken. Kannenberg fand es toll, dass ich so viele Theaterstücke kannte, ich war ja schon als 12-Jähriger 30-mal in Brechts »Kaukasischem Kreidekreis« gewesen und konnte ganze Passagen auswendig. Er nahm mich mit in die Theater-AG unserer Schule. Dort führte ich Regie, organisierte und managte. Viele Kreative finden Verwaltungskram langweilig, mich fasziniert er: Schon als Kind habe ich in den Besetzungslisten, Verträgen und Budgets meines Vaters gekramt. In Wilhelmshaven fuhr dann eines Tages ein früherer Regieassistent meines Vaters auf seinem Klapprad auf mich zu. Er war gerade Regisseur am Stadttheater geworden war und nahm mich mit auf die Proben. Von da an war ich endgültig mit Theater infiziert. Ich war auf jeder Probe, suchte Musik für Liederabende aus und flirtete mich ein bisschen durchs Damenensemble.

Dann beschloss ich, das Ganze seriös anzugehen, und ging nach Köln, um Theaterwissenschaften zu studieren. Es war die schlimmste Zeit meines Lebens: Ich, der ich immer kontaktfreudig war, vereinsamte an dieser Riesenuni. Die Dozenten waren todeslangweilig, etwas gelernt habe ich nur in meinem Nebenjob in der Hörspielabteilung des WDR: Ich habe dort den Bestand gesichtet, dabei viel über Dramaturgie und den Einsatz von Dialogen erfahren – und wie schön es ist, guten Schauspielern zuzuhören. Mit welch großer Liebe man diese wahnsinnigen, diese komplett autistischen, nach Lob hungernden Figuren, die sich Schauspieler nennen, behandeln sollte, lernte ich dann später bei der Regisseurin und Schauspielerin Elke Lang, auf die ich in meiner ersten Stelle als Dramaturgieassistent am TAT traf.

Mein Studium habe ich nie beendet, das sage ich den Studenten immer sofort, wenn ich an der Uni unterrichte. Mit einem Studium kommt man nicht weit am Theater, ich war auch so mit 24 Jahren Dramaturg. Und jetzt also Intendant am Hamburger Schauspielhaus – wenn das nichts wird, mache ich eine Vermittlungsagentur für Schauspieler und bildende Künstler auf, Name: »Autist Artist«.

Aufgezeichnet von Nikola Sellmair

Ingo Metzmacher, 1982

Ingo Metzmacher, Pianist und Dirigent
Der Netzer unter den Musikern

Ingo Metzmacher, Jahrgang 1957, ist ein weltweit anerkannter Dirigent, der sich das politische Denken ungern verbieten lässt – auch nicht als Generalmusikdirektor und Künstlerischer Leiter der Staatsoper in Hamburg. Zum 3. Oktober 2001 lud der gebürtige Hannoveraner den PDS-Politiker Gregor Gysi zu einer Rede vor dem Konzert zum Nationalfeiertag ein und provozierte damit einen kleinen Skandal. Wegen der Anschläge vom 11. September in New York wurde Gysis Rede jedoch wieder abgesagt. Musikalisch gilt Metzmachers Interesse der Musik des 20. Jahrhunderts. In seinen ersten Berufsjahren arbeitete er als Pianist und später als Dirigent für das Frankfurter Ensemble Modern. Nach weiteren Engagements in Frankfurt und Bamberg, kam er 1997 nach Hamburg, wo er vielen als der einzige internationale Star der Kulturszene gilt.

Spielen war meine große Leidenschaft. Am liebsten im Mittelfeld, die Nummer zehn. Ich war so was wie der Günter Netzer – jedenfalls ein begeisterter Fußballer. Ich kickte sogar mal im Verein, bei Arminia Hannover. Doch im Verein war mir Fußball zu hart. Ich bin eher der körperlose Spieler. Spielen wollte ich aber, und vielleicht habe ich deswegen mit 15 oder 16 angefangen, täglich intensiv Klavier zu üben. Zuvor hatte ich immer nur ein bisschen nach der Schule gespielt, obwohl ich Unterricht bekommen hatte, seit ich sieben war. Bei mir zu Hause wurde immer schon viel Musik gemacht. Mein Vater ist Cellist und unterrichtete an der Musikhochschule Hannover. Meine Eltern und meine Musiklehrer haben immer gesagt, ich sei musikalisch. So bin ich schließlich in das Musikstudium reingerutscht.

Nach den ersten Semestern aber kamen mir Zweifel. Ich wollte weg von zu Hause, weg aus Hannover und wechselte an die Musikhochschule nach Salzburg. Doch die Zweifel blieben. Mir war nicht klar, was dieser Beruf des Musikers mit dem Leben um mich herum zu tun haben sollte. Das klingt platt, aber ich meine es genau so. Ich spielte die ganze Zeit nur Bach, Schubert und Beethoven und hatte immer das Gefühl, ich lebe gestern. Es war für mich als jungen Menschen unerträglich, mich nur mit der Musik des 18. oder 19. Jahrhunderts zu beschäftigen. Alles ganz tolle Musik, aber es bleibt einfach dieses Gefühl: Sie ist museal. Schließlich sagte ich mir: »Stopp. Jetzt denke ich erst einmal darüber nach, was ich eigentlich will.« Und dann habe ich mein Studium an den Nagel gehängt.

Ich musste meinen Militärdienst machen und nahm diese Zeit als Auszeit. Ich habe mich umgetan, andere Sachen gemacht, bin nach Berlin gefahren, habe mir berühmte Unis angeschaut, mit Modestudiengängen wie Germanistik, Geschichte, Theaterwissenschaft geliebäugelt. Ich interessierte mich für Philosophie, die mir an der Musikhochschule so gefehlt hatte. Dort gibt es zum Beispiel keine gründliche Auseinandersetzung mit den Gedankengebäuden eines Komponisten. Dabei sind die ungeheuerlich. Der Musikstudent wird immer nur mit den gedruckten Noten konfrontiert. Ich fand es aber viel interessanter mitzubekommen, wie Musik entsteht, denn so kann ich bei dem fertigen Produkt alle Möglichkeiten mitdenken, die nicht realisiert wurden. Ich hatte das große Glück, Komponisten zu begegnen. Über sie habe ich letztlich auch wieder Sinn in der Musik für mich gefunden.

Der erste Komponist, den ich kennen lernte, war Anton Plate, das war noch zu meiner Zeit in Hannover. Später traf ich Karlheinz Stockhausen. Was es bedeutet, jemanden wie ihn zu treffen, kann ich nur schwer beschreiben: Er gab mir so viel, mir als jungem Menschen in dieser Phase, in der ich so idealistisch war, in der ich stets etwas suchte, wofür ich mich begeistern konnte. Zu Hause bei einem Komponisten sieht man die Musik entstehen, sieht Skizzen, Berge von Papier. Ich habe versucht, so viel wie möglich bei Stockhausen über das Gegenwärtige in der Musik zu lernen. Ich bin unendlich dankbar, dass ich Komponisten wie ihn oder auch wie Luigi Nono, Hans Werner Henze, Helmut Lachenmann, Wolfgang Rihm oder John Cage persönlich erleben durfte. Durch sie hatte ich endlich das Gefühl, ich lebe heute.

Als ich in Köln wieder anfing, Musik zu studieren, spielten alle Chopin und Beethoven. Ich war der Einzige, der seinem Klavierlehrer sagte, er wolle Schönberg und Skrjabin spielen. Eigentlich auch ganz schön alt, fast schon 100 Jahre. Aber in der Musikhochschule galt das bereits als avantgardistisch. An einem Vorspielabend der Klassen – ich spielte wohl Schönberg – wurde dann das Ensemble Modern auf mich aufmerksam. So kam ich nach Frankfurt, wo ich auf lauter junge Menschen traf, die genauso dachten wie ich. Wir wollten nicht einfach den vorgezeichneten Weg ins Orchester gehen. Wir wollten eine ganz neue Welt entdecken.

Aufgezeichnet von Wenke Heß

Hans-Georg
Gadamer, 1997

Hans-Georg Gadamer, Philosoph
Nur wer den Lehrer liebt, lernt

Hans-Georg Gadamer, Jahrgang 1900, gilt als Nestor der deutschen Philosophie und ist der Begründer der philosophischen Hermeneutik. Dabei ließ ihn seine Begegnung mit Martin Heidegger, im Sommer 1923 in Freiburg, erst einmal an seiner eigenen philosophischen Begabung zweifeln. Heidegger selbst bot ihm dann aber eine Habilitation über die Interpretation des platonischen Philebos an. Der in Breslau aufgewachsene Gadamer studierte Philosophie und Germanistik in Breslau und Marburg, später klassische Philologie in Marburg und München. Seine akademische Karriere begann Gadamer 1929 als Privatdozent an der Universität seiner Geburtsstadt Marburg. Er war Professor in Leipzig, Frankfurt/Main und Heidelberg, wo er 1949 die Nachfolge von Karl Jaspers antrat. 1960 erschien Gadamers Hauptwerk »Wahrheit und Methode«. Es machte ihn weit über die Grenzen Deutschlands hinaus berühmt.

Alle meine Onkel behaupteten, ich würde einmal General werden, weil ich mit elf, zwölf Jahren im Garten die Napoleonischen Kriege nachgespielt habe. Ich hatte darüber in den Zeitungen gelesen. Mein Vater las eine sehr langweilige Zeitung, aber die Dienstmädchen, die hatten eine gute – aus der ich übrigens auch sehr gutes Deutsch von den Gebrüdern Rilla gelernt habe. Ich las immer in der Küche. Manchmal nahm die Köchin dann die eine oder andere Seite raus, weil sie fand, dass die Artikel darauf für mich doch nicht das Richtige seien. Auch Bücher las ich gerne, vor allem Shakespeare. Mein Lieblingsbuch war aber »Kapitän Mago«, ein sehr gut gearbeiteter Roman. Leider habe ich den Namen des Autors nicht behalten. Ich habe unendlich viel gelernt daraus, über die Phönizier, über die Ägypter. Ich war als Kind neugierig und wissbegierig und auf meinen ersten Schultag sehr gespannt. Das Besondere war, dass ich in der Großstadt Breslau allein hinzugehen hatte. Meine Familie hatte die Schule so ausgesucht, dass man mit diesen Kinderschritten nicht länger als zehn, fünfzehn Minuten brauchte.

Die Vorschule – heute sagt man wohl Grundschule – habe ich dann aber überhaupt nicht gemocht. Der Lehrer hatte die Gewohnheit, einem – wenn man nicht aufpasste – das Kreidestück an den Kopf zu werfen. In der Schule war ich einer der Besten, was aber keinen Neid hervorgerufen hat. Wir haben uns untereinander gut verstanden, was nicht heißt, dass wir uns nicht auch einmal geprügelt haben. An meiner rechten Hand sieht man noch heute, dass da mal ein Knochen angebrochen war. Wir hatten uns wegen irgendetwas gestritten. Ich weiß nicht mehr, wegen was, jedenfalls ging es nicht um Mädchen. Denn zu Frauen hatte ich während der Schulzeit überhaupt keine Beziehung. Erst später traf ich mich mit Studentinnen. Mit einer ging ich sogar einmal in ein Konzert.

Gustav Mahler, »Das Lied von der Erde«. Hat einen ganz tiefen Eindruck auf mich gemacht. Zu Hause hatten wir ja einen schönen Musiksaal. Ich durfte daheim aber nie singen. Ich sang falsch. Und wenn ich anfing, hieß es: »Junge, hör auf – das ist nicht auszuhalten!« Auch in der Schule hörte man sofort: ein Brummer. Orff hat es damals eben noch nicht gegeben.

Das erste Mal etwas von Philosophie gehört habe ich im Geschichtsunterricht. Ich war elf oder zwölf Jahre alt. Der Lehrer hatte etwas über die antike Welt erzählt – Epikur, Stoa und solche Sachen. Ich erinnere mich noch genau, wie er uns abhörte und dann plötzlich meinte: »Du, Gadamer, Philosophie – dafür bist du der Richtige!« Ich war höchst erstaunt. Ich wusste gar nicht, was das war. Unser Lehrer wurde dann aber Soldat. Und es kamen grässliche alte Pauker, die so moralisch waren – furchtbar. Das werde ich nie vergessen: Wir lasen im Griechischunterricht bei Herodot, dass die Spartaner Mädchen und Jungen unbekleidet Sport treiben ließen. Der Lehrer fragte uns: »Ist das gut?« Und wir mussten im Chor sagen: »Nein!« Um Latein und vor allem um Griechisch machte ich nach dem Abitur dann erst einmal einen Bogen. In Deutsch hatte ich aber einen sehr guten Lehrer. Nur wenn man den Lehrer liebt, lernt man. Die Schule muss die Freude am Lernen entwickeln. Es gibt nichts, was man wissen muss – nur etwas, das man wissen will.

Ich habe dann Germanistik studiert und unsinniger Weise die ganze deutsche Sprachgeschichte gelernt: Gotisch, Althochdeutsch, Mittelhochdeutsch. Dann erzählten mir Kommilitonen, Philosophie sei viel interessanter. Daraufhin hörte ich mir verschiedene Vorlesungen an, mein Interesse geschürt hat dann Richard Hönigswald. Bis heute fasziniert mich an der Philosophie, dass wir nicht aufhören, Fragen zu stellen, die wir nicht beantworten können. Mein Vater, ein pharmazeutischer Chemiker, hatte natürlich versucht, mich für die Naturwissenschaften zu interessieren. Es war für ihn ein Jammer, dass ich zu den Schwätzprofessoren ging. Brotlose Kunst. Aber er nahm es als sein Schicksal hin. Mit seinem Einverständnis ging ich gleich zu Beginn des Studiums zu einer älteren Schauspielerin in den Sprechunterricht. Als ob ich damals schon geahnt hätte, dass ich mein Leben auf dem Katheder verbringen würde.

Aufgezeichnet von Alexander Kühn

Dieter Hundt, 2001

Dieter Hundt, Arbeitgeberpräsident
Klare Ziele, festes Zeitbudget

Dieter Hundt, Jahrgang 1938, stieg nach Maschinenbaustudium und Promotion in Zürich 1964 bei AEG Telefunken AG in Frankfurt in die Kernenergietechnik ein, beendete aber 1975 in dem mittlerweile zur Kraftwerkunion fusionierten Unternehmen seine Karriere. Er kaufte sich in die Firma Allgaier im schwäbischen Uhingen ein und sanierte diese mit großem Erfolg. Bis heute ist er Chef des Automobilzulieferers und Apparateherstellers. Von 1988 bis 1996 war er als Vorsitzender des Verbands der Metallindustrie Baden-Württembergs Verhandlungsführer in einem Pilot-Tarifbezirk. Im Dezember 1996 wurde er Präsident der Bundesvereinigung der deutschen Arbeitgeberverbände (BDA). In dieser Funktion startete er ein bildungspolitisches Aktionsprogramm, das mehr Markt, mehr Wettbewerb und Leistungsorientierung in Schule und Hochschule fordert.

Mein erster Englischlehrer war total gegen Sport. Spielte ich am Nachmittag Fußball, rief er mich am nächsten Morgen vor die Klasse: »Hundt, Wörtle« und fragte mich Vokabeln ab. Ich wusste nichts, und er notierte das begeistert. Es war ständig dasselbe. Auch meine Mutter fand, ich könnte meine Zeit mit Sinnvollerem verbringen, und verbot das Fussballtraining. Zum Glück half mir mein Sportlehrer: Er hat meine Sportsachen bei sich aufbewahrt. Meinen Eltern haben wir erzählt, ich müsse zum Nachmittagsunterricht. Ich mochte die Schule lange Zeit nicht. Am wenigsten mochte ich die Fächer, für die man lernen musste – Geschichte und Erdkunde fand ich langweilig, Fremdsprachen auch. Für solche Dinge hatte ich einfach nicht genügend Zeit neben dem Sport und den Gedanken an meine ersten Lieben. Entsprechend waren meine Noten, über die sich meine Eltern ärgerten, zumal ich einen vorbildlichen und strebsamen Bruder hatte. Nur auf Physik und Mathematik habe ich mich gefreut: Das musste man nur kapieren und brauchte nichts dafür zu tun. Technik hat mich schon früh fasziniert. Mein Vater war Ingenieur bei Allgaier. Damals hat das Unternehmen noch Traktoren gebaut; das begeistert einen Jungen natürlich. Basteln war – nach dem Sport – eine Lieblingsbeschäftigung: Modellflieger bauen, Eisenbahnanlagen, was sich anbot.

Dass ich denselben Beruf wie mein Vater ergreifen und Maschinenbau studieren würde, war also schon in der Schule klar. Nur kurze Zeit wollte ich lieber Chirurg werden. Da war ich 16 und lag mit einem Oberschenkelbruch im Krankenhaus. Als der Oberarzt warnte, in diesem Beruf sei in den ersten Jahren nicht gut Geld zu verdienen, war die Sache jedoch schnell erledigt. Ich wollte bald eine Familie und einen guten Lebensstandard. Den Sport zum Beruf zu machen war zwar so eine Idee. Doch Berufsfußballer gab es damals so gut wie nicht, die hatten alle noch einen anderen Job. Am Gymnasium waren wir eine reine Jungenklasse – hier wir, dort der Lehrer, der uns zeigen wollte, wer Chef im Ring ist. Ich fand es abschreckend, dass sich unsere Lehrer häufig nur mit Zensuren durchzusetzen wussten.

In der Abiturklasse war es dann so weit: Ich habe den Ernst des Lebens erkannt und akzeptiert, dass mir Lernen hilft. Ich begreife zum Glück sehr schnell und habe mich so ins Zeug gelegt, dass ich ein sehr gutes Abitur machte. Es war nicht so, dass mich plötzlich Geschichte oder Erdkunde interessierte, motiviert hat mich die Freude auf etwas Neues und aufs Studium. Nach einem Jahr Industriepraktikum ging ich an die Eidgenössische Technische Hochschule nach Zürich, weil einer meiner besten Freunde dort an der Uni Chemie studierte – und weil ich selbstständig sein wollte.

An der Hochschule gab es auch skurrile Professoren, aber wenigstens war interessant, was sie erzählten: Strömungslehre, Thermodynamik, was eben zu Maschinenbau so dazugehört. Im Studium konnte endlich ich aussuchen, wann ich lerne, was ich lerne, ob ich in die Vorlesung gehe oder mir lieber das Kompendium besorge und vor der Prüfung 14 Tage am Stück den Stoff pauke. Ich war ein zielstrebiger Student und richtig scharf drauf, früh berufstätig zu werden. Das Hochschulsystem in Zürich kam mir entgegen, es war oberschulhaft, straff und streng. Kurz vor Ende des Studiums traf ich einen Manager, der bei der Ciba AG in Basel für ein Projekt verantwortlich war, das sich für mich als Dissertation anbot: klar umrissenes Thema, vorgegebener Zeitrahmen. Also habe ich promoviert – in nur wenig mehr als zwei Jahren – und kam 1964 als Vorstandsassistent zur AEG-Telefunken nach Frankfurt. Elf Jahre später ging ich zu Allgaier. Die Gesellschafter wollten mich unbedingt haben, weil es nicht gut um das Unternehmen stand. Heute, als Firmenchef und Arbeitgeberpräsident, fragen viele, wie ich dieses Arbeitspensum bewältige. Das ist das ganze Geheimnis: geordnetes, strenges Zeitmanagement und klare Zielvorgaben. Fremdsprachen sind für mich übrigens längst kein rotes Tuch mehr. Ich habe sie gelernt, als ich sie brauchte.

Aufgezeichnet von Marlis Prinzing

Antje Kunstmann, Verlegerin
Geschmack an Buchstaben

Antje Kunstmann, Jahrgang 1949, ist leidenschaftliche Büchermacherin. 1976 gründete die ehemalige Lehramtsstudentin mit Peter Weismann den Weismann Verlag/Frauenbuchverlag. Die gesellschaftliche Situation der Jugend und der Frauen waren Schwerpunkt, aber auch der Humor kam nicht zu kurz: So erschien im ersten Programm eine Comic-Version des »Kommunistischen Manifests«. Der Umbruch folgte in den Achtzigern, als Peter Weismann das Verlegerdasein aufgab. Seit 1990 gibt es deshalb den Antje Kunstmann Verlag. Das Programm wurde literarischer, und mit dem »Kleinen Erziehungsberater« von Axel Hacke gelang 1992 zum ersten Mal der Sprung auf die Bestsellerlisten. Kunstmann verlegt Autoren wie Barbara Gowdy, Rafael Chirbes und Tim Parks. Jährlich erscheinen 20 Titel, damit zählt der Kunstmann-Verlag zu den Großen unter den Kleinen.

Zu Wörtern habe ich eine sehr sinnliche Beziehung, seit mir mein Großvater das Lesen beigebracht hat. Er war Volksschullehrer und lehrte mich lesen, indem er mir Wörter aus Russisch Brot – diesen braunen Buchstabenkeksen – legte. Ich durfte die Wörter dann aufessen. In meiner Familie wurde immer viel gelesen. Schlechte Noten in Deutsch, dafür hätte zu Hause keiner Verständnis aufgebracht – während niemand von meiner Schwester oder mir erwartete, dass wir gut in Chemie oder Mathe waren. Ich hatte mit diesen Fächern aber keinerlei Schwierigkeiten – jedenfalls nicht, solange ich auf der Klosterschule war, dem einzigen Gymnasium für Mädchen in Bad Kissingen. Damals fand ich es langweilig, auf einer reinen Mädchenschule zu sein, noch dazu auf einer Nonnenschule. Ich erinnere mich, dass mich die Frage beschäftigt hat: Wie wird man Nonne? Irgendjemand hat mir dann erzählt, man wird »berufen«. Das stellte ich mir dann so vor: Jesus kommt, beruft einen, und dann gibt es kein Entkommen mehr. Nonne wollte ich also auf keinen Fall werden. Heute denke ich, dass eine Mädchenschule auch Vorteile hat. Zumindest in den naturwissenschaftlichen Fächern lernt man konkurrenzfreier.

Nach der mittleren Reife wechselte ich auf ein staatliches, gemischtes Gymnasium. Wir waren dann in der Klasse noch fünf Mädchen, der Rest Jungs. Chemie und Mathe waren von nun an nicht mehr meine Sache. Ich habe es gehasst, von meinem Chemielehrer immer dann aufgerufen zu werden, wenn es um irgendwelche Formeln ging, die beim Kochen, Backen, Putzen eine Rolle spielten: Hirschhornsalz – Kunstmann, wozu braucht man das? Das müssen Sie doch wissen? Keine Ahnung. Aber seitdem weiß ich es: zum Lebkuchenbacken. In der Schule lernen heißt fürs Leben lernen. Lebkuchenbacken, ein für allemal erledigt. Und ich hatte eine erste Ahnung, dass Gleichberechtigung nicht selbstverständlich ist. Ich träume heute manchmal noch, dass ich kurz vorm Matheabitur stehe und von Logarithmen und dergleichen keinerlei Plan habe – was der Realität entspricht. Schweißgebadet wache ich dann auf und denke: »Jesus, du hast es doch längst geschafft.«

Als ich 1968 Abitur machte, war die Studentenbewegung in vollem Gange. Wir hatten einen Schulstreik gegen die Notstandsgesetze organisiert und nur einen Gedanken: raus aus der spießigen Kleinstadt. Ich wusste nicht genau, was ich mal werden wollte, also studierte ich Pädagogik, was ja nahe liegt, wenn Mutter und Großvater Lehrer sind. Erst in Frankfurt, dann in München. Im Wesentlichen habe ich meine ersten beiden Semester dann damit zugebracht, »Politik« zu machen: mit Streiks, Vorlesungen sprengen, mit endlosen Diskussionen und Arbeitsgruppen, in denen die Texte der Frankfurter Schule durchgearbeitet wurden und natürlich das »Kapital«. Rigide Organisationsformen waren nicht mein Ding, mir haben die Spontis immer am besten gefallen. Sie hatten einfach die witzigsten Parolen und Sprüche. Insgesamt war diese Zeit sehr »bildend«. Besonders für demokratisches Bewusstsein.

1971 machte ich die Lehramtsprüfung, wusste aber schon, dass die Schule keine Perspektive für mich war. Ich hatte neben dem Studium in einem pädagogischen Verlag, dem Raith-Verlag, gejobbt, der aus der Studentenbewegung heraus gegründet wurde wie viele Verlage in dieser Zeit, etwa Roter Stern, Rotbuch, Neue Kritik. Werner Raith war damals Assistent an der Pädagogischen Hochschule. Ich war 22, als er mir anbot, in seinem Verlag die Reihe Materialien zur Frauenemanzipation herauszugeben. So bin ich in den Beruf hineingerutscht. Learning by Doing. Vom Päckchenpacken bis zur

Kalkulation. Auch sehr bildend, wenn man mal einen Konkurs miterlebt hat.

1976 gründete ich mit Peter Weismann – der anders als ich immerhin eine richtige Verlagslehre gemacht und Erfahrungen im Aufbau eines Verlags hatte – einen neuen Verlag. Ich fühlte mich den Autoren meiner Reihe bei Raith verbunden, wollte, dass ihre Bücher weiter verlegt werden. Und wenn man sich nie die Formel für Hirschhornsalz merken wird, sich dafür aber »Madame Bovary« unauslöschlich eingeprägt hat, liegt es nahe, guten Texten auf der Spur zu bleiben. Heute leite ich den Verlag alleine und muss neben den Inhalten auch die Ökonomie im Blick haben. Vieles ist aber einfach nicht berechenbar. Ob ein gutes Buch auch ein Erfolg wird, ist immer auch Glückssache.

Aufgezeichnet von Dorothée Stöbener

Helmut Thieltges, Sternekoch
Gänseleber, später

Helmut Thieltges, Jahrgang 1955, hat im Herbst 1999 seinen dritten Michelin-Stern bekommen und zählt damit zu den besten Köchen der Welt. Sein Talent kommt von Tradition. Er kocht im 1978 gegründeten familieneigenen Waldhotel Sonnora in Dreis bei Wittlich. Dort, in der Südeifel, ist Thieltges auch aufgewachsen. Nach der Hauptschule ließ er sich in Trier zum Koch ausbilden. Bereits 1982 verliehen ihm die Tester für seine Interpretation französischer Küche einen Stern. 1990 bekam er den zweiten. 1998 kam für den verleichsweise kamerascheuen Künstler am Herd die von Gault-Millau vergebene Auszeichnung »Koch des Jahres« dazu. Das Rezept des Meisters ist Talent, Ehrgeiz, Bescheidenheit und bei Muscheln einfach nur »Fingerspitzengefühl«.

Meine erste Lehre habe ich abgebrochen. Ich wollte kochen lernen, durfte aber nur in die Kaffee- und Spülküche: morgens das Geschirr vom Abend spülen, Frühstück machen, Mittagsgeschirr abwaschen. Ich finde das nicht weiter schlimm, das sind eben die Aufgaben am Anfang. Aber als ich nach zwei Monaten fragte, ob ich etwas anderes machen könnte – in die Hauptküche war ich bis dahin gar nicht gekommen –, hieß es, ich solle ein Jahr lang nur spülen. Das ist doch nicht der Sinn einer Lehre! Deshalb bin ich gegangen. Der Küchenchef sagte: »Junge, du hast vollkommen Recht. Endlich mal einer, der Paroli bietet.« Da war ich 15. Meine Lehre habe ich dann im Ratskeller zur Steipe in Trier zu Ende gemacht. Das Haus hatte gerade eröffnet. Ich war der einzige Lehrling unter ausgelernten Köchen. Zwiebeln schälen, Salat putzen, Knochen hacken – damit habe ich angefangen. Es geht ja nicht gleich mit Gänseleber los. Außerdem gab's die damals in Trier noch gar nicht.

Ich glaube, ich war ein fleißiger Lehrling. Im dritten Lehrjahr konnte ich selbstständig auf allen Küchenposten arbeiten: Gardemanger, Entremetier, Saucier. 1973 habe ich dann mit 17 Jahren an der Trierer Industrie- und Handelskammer meine Prüfung als Bester abgelegt. Ich kannte damals in Trier sämtliche Speisenkarten. Außerdem hatte ich in Fachmagazinen von den größten Hotels der Welt gelesen: vom Sacher in Wien, dem George V. in Paris, vom Grandhotel in Stockholm. Ich habe mich immer informiert: Wo kann man weiterkommen? Am Breidenbacher Hof in Düsseldorf zum Beispiel, zu dem auch das Schweizer Schlosshotel Pontresina gehörte. Da wollte ich hin. Aber mein Berufsschullehrer hat nur gesagt: »Vergiss es, keine Chance.« Ich habe mich trotzdem beworben. Und dann kam die Antwort: »Sie können anfangen, 1. Juli 1973, im Schlosshotel Pontresina bei St. Moritz.« Ich bin also als Jungkoch in die Schweiz. Das war schon aufregend für einen jungen Kerl aus so einem kleinen Dorf wie Dreis. Ins Pontresina kam der Schah von Persien zum Essen. Da gab es einen Nightclub, in dem Les Humphreys spielten.

Im Restaurant arbeitete eine Riesenbrigade, und ich war der Laufbursche. Aale und Forellen schlachten, das war meine Aufgabe. Manchmal sind mir die Forellen, wenn ich sie aus dem Becken holte, unter die Tische geflutscht. Ich bin denen natürlich nachgehechtet und hörte hinter mir schon die Schreie: »Wo steckst du? Wo bleibt das Zeug?« Angst hat man da gekriegt, und dann noch den Forellen hinterher … Zwischen dem Grandhotel und meiner Ausbildung in Trier lagen Welten. Da wurden ganz andere Produkte verarbeitet. In Trier gab es Rotbarsch und Seelachsfilet, Seezunge wurde gefroren geliefert. Plötzlich durfte ich eine Seezunge enthäuten und filieren! Es gab frische Artischocken – die kannte ich nur aus der Dose. Heute muss ich sagen: Welch ein Glück, dass ich in so eine Bahn eingeschossen wurde. Nach der Bundeswehr arbeitete ich in der Bastei in Köln. Ein Restaurant im ganz großen Stil, abends 20 Kellner im Frack und so.

Mit 23 Jahren bin ich dann zurück nach Dreis. Ins Waldhotel Sonnora, das meine Eltern neu gebaut hatten. Meine Eltern sind mein Vorbild. Sie haben immer gearbeitet, sie wollten vorwärts kommen. Sie stammen beide aus Bauernfamilien und hatten in Dreis eine Ferienpension. Aber damit waren sie irgendwann nicht mehr zufrieden: Das Haus lag an der Straße, morgens fuhren die Lastwagen durchs Dorf und weckten die Gäste. Als ich dann Koch gelernt habe, war klar: Sie bauen ein neues Haus, und wir haben eine neue Existenz. Dass ich Koch werden sollte, haben meine Eltern und ich uns ein Jahr vor meinem Hauptschulabschluss überlegt. Die Lehrer haben gesagt: Der Junge muss aufs Gymnasium, weil ich gute Noten hatte. Aber mich hat das nicht interessiert. Auch andere Berufe kamen nicht infrage. Schreiner zum Beispiel, das hätte ich nicht werden können. Im Werkunterricht in der Schule hat bei mir nie etwas gepasst, alle haben mich ausgelacht. Vielleicht hat bei der Berufswahl auch meine Mutter eine Rolle gespielt: Sie war und ist nämlich eine tolle Köchin. Selbst in den großen Hotels hat es mir nicht so gut geschmeckt wie bei ihr. Sie machte Sauerbraten, Frikadellen, Königsberger Klopse, Möhrengemüse. Ganz normales Repertoire. Aber perfekt: Der Blumenkohl war nicht zu weich und nicht zu hart, die Soße lief genau richtig drüber. Für mich war gutes Essen selbstverständlich. Und das prägt.

Aufgezeichnet von Isabelle Tentrup

Herbert Henzler,
1999

Herbert Henzler, Unternehmensberater
Pflichtbewusster Paradiesvogel

Herbert Henzler, Jahrgang 1941, gilt als »Mr. McKinsey« schlechthin. Und dasauch noch nach seinem Wechsel zur Bank Crédit Suisse Anfang des Jahres 2002. Der promovierte Betriebswirt arbeitete 31 Jahre für das internationale Beratungsunternehmen. Von 1985 bis 1998 war er Chaiman von MvKinsey Deutschland, später von Mc Kinsey Europa. nach seinem 60. Geburtstag zog er sich aus der aktiven Beratung zurück. Henzler betrachtet seine Karriere als ein Glücksfall. Weil er gesundheitlich angeschlagen war, durfte er im jugendlichen Alter lernen, statt zur Feldarbeit geschickt zu werden. Er machte das Fachabitur und stieg bei Shell ein, bevor er in Saarbrücken, München und Berkeley studierte und schließlich bei McKinsey landete. Henzler ist Vater von fünf Kindern und hat eine Honorarprofessur an der Ludwig-Maximilians-Universität in München. Zusammen mit dem Jenoptik-Chef Lothar Späth schreibt er Bücher über den Wirtschaftsstandort Deutschland.

Dass ich auf die höhere Schule gehen durfte, verdanke ich vor allem meiner Lungentuberkulose. Man muss sich die Verhältnisse klarmachen: Meine Eltern waren Feierabendbauern – wie die meisten bei uns in Neckarhausen, einem Ort mit 2000 Einwohnern. Tagsüber schufteten sie in einem Industriebetrieb in Stuttgart oder Esslingen, abends kümmerten sie sich um ihre paar Äcker und die Kühe. Zu Hause wurde uns Kindern eingeimpft, dass harte Arbeit gut für uns sei. Am ersten Schultag empfing uns der Lehrer Hase mit der Warnung, dass er nichts lieber habe als Ordnung. Pünktlich sein, Hände und Tafel waschen, Schuhe putzen – das alles waren Tugenden, die zu Beginn meiner Schulzeit fast wichtiger zu sein schienen als das Lernen. Für die mittlere Reife war da kein Platz, geschweige denn fürs Abitur. Acht Jahre Volksschule, das musste genügen. Doch in meinem Fall riet der Arzt, ich solle mal einen ruhigeren Beruf ergreifen. Ruhig hieß: Bürojob. Also fuhr ich ab der fünften Klasse jeden Tag mit dem Fahrrad zur höheren Schule nach Nürtingen, als einer von vier aus meinem Jahrgang. Die anderen drei waren die Söhne eines Fabrikanten, eines Prokuristen und des Pfarrers. Meine Mutter musste sich deshalb im Dorf die Frage anhören, ob sie jetzt ein Herrenbüble heranziehe, eines mit Krawättle.

Meistens hatte ich gute Noten. Was ich der Tuberkulose wegen körperlich nicht machen konnte, habe ich im Kopf kompensiert. Bis ich zehn war, hatte ich über ein Jahr in Lungenheilanstalten verbracht. Die Therapie dort: liegen, liegen, nochmals liegen. Danach wusste ich genau, was ich werden wollte: Sportjournalist. Ich hatte einen unheimlichen Nachholbedarf. Selbst wenn ich heute Ski fahre oder bergsteigen gehe, hat das irgendwie mit der Krankheit von damals zu tun. Mit 15 fing ich an, neben der Schule für die Lokalzeitung zu schreiben. In der Schule verschlechterten sich derweil meine

Betragensnoten: Ich konnte einfach nicht stillsitzen und war ein großer Lausbub. Einer meiner Streiche hätte mich fast die feierliche Zeugnisvergabe gekostet. Vor der Schule parkte ein Lloyd, der gehörte einem unserer Lehrer, und ich habe die anderen angestiftet: Wenn wir alle mit anpacken, können wir das Auto ohne weiteres bis zum Lehrerzimmer tragen. Das haben wir dann auch gemacht: fünf Stufen hoch, rein durch die Schultür und den Gang lang. Die Lehrer hatten natürlich schnell raus, wer dahinter steckte.

Es ging noch mal gut. Abitur zu machen stand für mich ja ohnehin nicht zur Debatte. Und auch die Begeisterung für Sportjournalismus erledigte sich, als ich zur Berufsberatung ging. Da erzählte man mir, dass eine dreijährige Ausbildung zum Setzer Voraussetzung sei, um Redakteur zu werden. Welch Zeitverschwendung, dachte ich. Der Berater brachte mich dann auf die Idee, etwas Kaufmännisches zu machen. Also fing ich bei der Shell eine Lehre als Großhandelskaufmann an. Das entsprach ja auch dem Wunsch meiner Eltern: Kaufmann war was Ordentliches. Ich wurde zum Grenzgänger: Ich bin nicht in Neckarhausen oder Nürtingen geblieben wie die anderen. Ich ging nach Stuttgart. Aber auch Stuttgart war nur eine Zwischenstation. Ich schloss meine Lehre in Freiburg ab, in Baden also, und lernte dort eine neue, leichte Lebensart kennen. Doch das protestantische Arbeitsethos der Schwaben und der Fleiß meiner Eltern haben mich nachhaltig geprägt. Wahrscheinlich bin ich auch deshalb nicht bei Shell im Verkauf geblieben, sondern habe mich bei der Fachhochschule in Siegen für Betriebswirtschaft eingeschrieben.

Ob in Siegen oder später an den Universitäten in Saarbrücken, München und Berkeley: Ich habe es immer als ein Privileg empfunden, studieren zu dürfen. Und als eine Verpflichtung. Vor allem denen gegenüber, mit denen ich zur

Volksschule gegangen war und die längst knallhart arbeiten mussten. Bei McKinsey bin ich mit meinem Ausbildungsgang ein Paradiesvogel. Kein Abi, kein MBA – eigentlich hätte ich mich gar nicht vorzustellen brauchen. Doch als ich mit 28 Jahren hier anfing, hatte ich nicht nur Fachhochschule und Uni samt Promotion hinter mir, sondern auch die Zeit im Ausland und fünf Berufsjahre. Den jungen Leuten sage ich heute in meinen Vorlesungen an der Münchner Uni: Das Letzte, was ihr in den Semesterferien machen solltet, ist, die ganze Zeit im Freibad herumzulungern. Seht euch die Welt an, seid Grenzgänger! Warum trampt ihr nicht mal durch Japan? Und tatsächlich: Irgendwann habe ich mal eine Postkarte von vier Studenten gekriegt, abgestempelt in Yokohama.

Aufgezeichnet von Jan-Martin Wiarda

Niels Birbaumer, Hirnforscher
Nicht kleinzukriegen

Niels Birbaumer, Jahrgang 1945, forscht über Schmerz, Lernprozesse und Hirnkrankheiten. Der gebürtige Österreicher studierte und promovierte in Wien und habilitierte sich in München. 1975 nahm er einen Ruf für Klinische und Physiologische Psychologie an der Universität Tübingen an. Er lehrt in Padua (als Professore stranieri, seit 1990), ist Mitglied der Akademie der Wissenschaften in Mainz (seit 1993), Autor und Mitherausgeber amerikanischer Fachzeitschriften. Seit 1993 leitet er das Tübinger Institut für Medizinische Psychologie und Verhaltensneurobiologie. 1995 zeichnete ihn die Deutsche Forschungsgemeinschaft mit dem Leibniz-Preis aus, dem höchstdotierten deutschen Forschungspreis. Im selben Jahr erhielt er den Deutschen Psychologie-Preis. Nach dem Eintritt der rechten FPÖ Jörg Haiders in die österreichische Regierung nahm Birbaumer die deutsche Staatsbürgerschaft an.

Die Kriminalbeamtin sah mich an und sagte: »Bei dir ist jede Hoffnung verloren.« Das saß. Ich war 14 Jahre alt und erinnere mich genau an den Tag, als sie plötzlich im Klassenzimmer stand, begleitet von zwei Männern in Ledermänteln, uns abführte und ins Jugendgefängnis brachte. Wir hatten Mitschüler erpresst, ihnen Pausenbrot und Geld geklaut, die Klasse terrorisiert, Lehrer getriezt – und waren verpfiffen worden. Ich ging auf ein konservatives katholisches Gymnasium in einem Vorortbezirk von Wien. Es war eine reine Jungenschule. Hier zählte nur Stärke. Ich war klein, schwächlich, aber raffiniert und konnte überzeugen. In dieser Gang aus vier, fünf Jungs habe ich mir durch Macho-Gehabe Respekt verschafft. Doch als uns die Kriminalbeamtin abholte, kapierte ich, dass ich zu weit gegangen war: Ich musste die Schule verlassen und wurde zudem wegen meiner miesen Noten nicht versetzt.

Mein Vater gab mir eine letzte Chance und drohte, mich sonst in eine Polstererlehre zu stecken. In den Ferien paukte ich für eine Zusatzprüfung, um die Versetzung nachzuholen. Das gelang, weil mein Vater mir in meinem schwächsten Fach, in Latein, Nachhilfe gab. Ich kam auf die Stubenbastei-Schule im I. Bezirk, dem Viertel der Intellektuellen. Die Schule hatte gemischte Klassen, war damals ultrarot und fortschrittlich – man konnte sogar Russisch als Wahlfach belegen. An der alten Schule war unter den Schülern anerkannt, wer brutal war. Hier fand ich andere Vorbilder. Meinen Deutschlehrer zum Beispiel, einen ehemaligen Nazi, der bereute und darüber mit uns diskutierte.

Mein Vater überredete mich, in die sozialistische Partei einzutreten, weil er glaubte, Zielvorgaben und regelmäßige Parteitreffen würden mir Halt geben. Das Konzept ging auf. Mit 17, 18 war ich Vorsitzender der Bezirksgruppe der Partei und blieb bis zum Abitur aktiv. Ich wurde Klassensprecher, ein guter Schüler und war beliebt. Und ich entdeckte meine Leidenschaft für die Literatur, habe Buchkritiken geschrieben, kleine Erzählungen und Gedichte. Brauchbar, nicht wirklich gut. Die Sachen wurden in einer Wiener Literaturzeitschrift veröffentlicht – sogar gegen Honorar. Ich glaubte meinen künftigen Beruf gefunden zu haben und begann, Germanistik zu studieren. Es war eine Katastrophe. Langweilig, das Niveau war niedriger als am Gymnasium, und die Texte wurden zerfranst und zerlegt, bis nichts übrig blieb.

Von großer Bedeutung für meinen Berufsweg war dann eine Pflichtvorlesung für das Philosophikum, Einführung in die Psychologie von Hubert Rohracher. Er war Psychologe, aber Antifreudianer und Positivist und las über Gehirn und Verhalten – mit tiefenpsychologischer Psychotherapie hatte er nichts im Sinn. Das hat mir imponiert. Ich ließ die Germanistik sein, belegte Psychologie im Hauptfach, dazu Kunstgeschichte aus Interesse und Statistik zur wirtschaftlichen Absicherung, denn Psychologie war damals noch eine brotlose Kunst. Das Studium – reine Theorie.

Als 1969 etwas verzögert die Studentenbewegung in Wien ankam, war ich Assistent bei Rohracher und zählte zu denen, die besonders aggressiv agitierten; Teach-Ins, Protestnoten, politische Veranstaltungen. Rohracher war uns gegenüber aufgeschlossen – anders als seine jungen Oberassistenten, die zwischen Doktorat und Professur standen. Diesen hat unser Einsatz und die Kritik an ihren Vorlesungen nicht gepasst. Als Rohracher in Pension ging, wurde ich von einem der Oberassistenten gefeuert. Das brachte mich in eine schlimme Lage: Gerade promoviert, stand ich auf der Straße. Wer in Österreich aus politischen Gründen irgendwo rausfliegt, kriegt in diesem Land nirgendwo wieder einen Fuß auf den

Boden. An zwei psychiatrischen Kliniken in London konnte ich ein paar Monate lang Verhaltenstherapie lernen. Das führte mich nach München, weil der Psychotherapeut und Tiefenpsychologe Albert Görres das Angebot an seinem Institut erweitern wollte. Fünf Jahre habe ich dort therapiert, was das Zeug hielt, mich parallel dazu habilitiert und dann 1975 den Ruf als Ordinarius für Klinische und Physiologische Psychologie in Tübingen angenommen. Danach begann die eigentlich produktive Zeit.

Aufgezeichnet von Marlis Prinzing

Dieter Hildebrandt, 2000

Dieter Hildebrandt, Kabarettist
Unterhaltung verpflichtet

Dieter Hildebrandt, Jahrgang 1927, ist Kabarettist, Schauspieler und Autor ohne Ruhestand. Die Premiere mit Neil Simons »Sonny Boys« (Cuvilliés-Theater München, 2000) war zugleich ein Revival des Erfolgsduos Dieter Hildebrandt/Werner Schneyder. Die Münchner Lach- und Schießgesellschaft (1956–1972), »Notizen aus der Provinz« fürs ZDF (1972–1979) und »Scheibenwischer« für den SFB (seit 1980) sind Markenartikel von Deutschlands prominentestem Satiriker. Als Schauspieler reüssierte er in Filmsatiren wie »Kir Royal« (1986) und »Kehraus« (1986). Publikumserfolg als Schriftsteller erlangte er mit der autobiographischen Trilogie »Was bleibt mir übrig?« (1989), »Denkzettel« (1992) und »Gedächtnis auf Rädern« (1997). In der Satire »Vater unser – gleich nach der Werbung« (2001) befasste er sich aus der Perspektive eines »Senioren-Containers« mit Reality, Reality-TV und Spaßkultur.

An meiner Existenz als Schüler hatte ich viel Spaß. Es ist nicht so, dass ich ein guter Schüler war, aber interessiert an allem, was passierte. Auch spürte ich in mir die Verpflichtung, andere zu unterhalten. Ich ging auf die Oberrealschule Bunzlau in Schlesien. Es gab dort so zehn, zwölf Schüler um die vierzehn Jahre, die wie ich begeistert davon waren, Menschen nachzumachen und ihnen etwas vorzumachen. Wer uns in die Quere kam, wurde parodiert – am liebsten Joseph Goebbels. Das war leicht: Er hatte einen Hinkefuß, Stimme und Duktus waren unverkennbar. Ihn nachzumachen war natürlich verboten, und ich weiß nicht, wieso wir nicht bestraft wurden – es war eben eine von allen goutierte Heiterkeit. Widerstand war das nicht, wir waren so erzogen, dass wir das Regime nicht anzweifelten.

Mit 16 Jahren, 1943, kam ich als Luftwaffenhelfer nach Berlin, meine Eltern fand ich nach dem Krieg in der Oberpfalz wieder. Ich wollte nun endlich wieder etwas tun, Schauspieler werden, Regie führen, Intendant sein – und berühmt. Da hörte ich, in München könne man Theaterwissenschaften studieren. Das wollte ich, aber dazu brauchte ich das Abitur – und zwar schnell. Also habe ich geschwindelt: Als das Gymnasium in Weiden wieder eröffnet wurde, habe ich behauptet, ich hätte in Schlesien bereits die achte Klasse besucht – so brauchte ich nur noch ein statt drei Jahre bis zum Abitur. Es war ein hartes Jahr ohne Schlaf. Doch Kriegsteilnehmerjahrgänge konnten mit mildernden Umständen rechnen – da wurden mehrere Augen zugedrückt.

Im März 1947 hatte ich das Abitur in der Tasche, und ab ging's nach München. Dort sah alles anders aus, als ich es erwartet hatte. Die Universität war noch zerstört, wer als Student zugelassen war, musste beim Wiederaufbau helfen. Das wollte ich nicht, und zu Hause brauchten wir Geld. Also ließ ich das mit dem Studieren erst einmal sein und ging nach Grafenwöhr, in ein amerikanisches Warenlager. Dort habe ich zwei Jahre lang Kisten geschleppt – und mir durch Schwarzhandel mit Zigaretten nebenbei Geld fürs Studium verdient. Als ich es zusammen hatte, kam die Währungsreform, und es war nur noch ein Zehntel wert. 300 Mark in der Tasche, bin ich 1950 ins erste Semester nach München gefahren und habe mir wieder Arbeit gesucht: Kisten schleppen, reparierte Regenschirme ausfahren, Lastenausgleichsformulare ausrechnen, Platzanweiser in Trude Kolmans Kabarett Kleine Freiheit. Hier lernte ich berühmte Autoren kennen – Erich Kästner, Per Schwenzen, Martin Morlock, den legendären Robert Gilbert aus der Zeit Friedrich Hollaenders. Sie schauten sich auch mal den einen oder anderen Text von mir an und machten mir Mut.

Nebenbei nahm ich Schauspielunterricht und legte beim Theaterverband eine Prüfung ab. Das Studium war ich nach fünf Jahren leid. Meinem Vater, einem Oberlandwirtschaftsrat, hat das nicht gefallen. Für ihn waren Schauspieler Vagabunden, die nichts Richtiges gelernt haben. Ich sollte eine Doktorarbeit schreiben und in Amt und Würden kommen, doch ich wollte auf die Bühne. Dazu nutzte ich als Student jede Gelegenheit. Auch eine Gewerkschaftsveranstaltung gegen die Wiederaufrüstung. Ich hatte ein Solo, und im Publikum saß Erich Kästner. Er lud mich nach der Vorstellung zum Kaffee ein. Vor lauter Respekt habe ich fast kein Wort rausgekriegt. Ein Jahr später, 1955, besuchte er eine Vorstellung unseres Studentenensembles Die Namenlosen und nickte mir nachher zu – für mich Bestätigung, das, was ich tat, auch zu können.

Dass mein Platz im politischen Kabarett ist, machte mir eine Asta-Versammlung klar, auf die ich zufällig aufmerksam geworden war. Thema: Dürfen Verbindungsstudenten auf dem Universitätsgelände Farben tragen? Zorngeladen ging ich hin, trat unangemeldet aufs Podium und hielt eine boshafte Rede. Die Verbindungsstudenten und ihre Fuchsmajore zischten vor Missfallen, die anderen, vermutlich die Linken, waren begeistert. Da wusste ich: Unterhaltung mit Inhalt. Das ist es, was ich machen muss. Und das gilt bis heute.

Aufgezeichnet von Marlis Prinzing

Maybrit Illner,
1966

Maybrit Illner, Fernsehjournalistin
Vom Stimmchen zur Stimme

Maybrit Illner, Jahrgang 1965, war ein paar Jahre lang nur Frühaufstehern bekannt. Bevor sie 1999 die ZDF-Talkshow »Berlin Mitte« übernahm, war sie sieben Jahre lang Moderatorin des »ZDF Morgenmagazins«. Ihre Karriere begann die in Berlin (Ost) aufgewachsene Journalistin beim Fernsehen der DDR in der Sportredaktion. Nach der Wende war sie zunächst Redakteurin der Auslandsredaktion, dann Moderatorin eines Reisemagazins und landete schließlich beim Abendjournal. »Eine Zeit ohne jedes Gesetz« nennt Maybrit Illner diese Zeit im Nachhinein. Für die »permanente Bildungsreisende«, als die sie sich selbst begreift, hat sie sich rentiert. 2000 bekam sie den renommierten Hanns-Joachim-Friedrichs-Preis.

Wegen meiner Berufswahl habe ich mir nie den Kopf zerbrochen. Das lag an meiner Begeisterung für Sport, für Volleyball und vor allem für Kunstturnen. Als ich 14 oder 15 war, stand für mich fest, dass ich später als Sportreporterin beim Fernsehen arbeiten würde. Ich malte mir aus, wie ich mit der Kamera dabei bin, wenn in Tausendstelsekunden die Entscheidungen fallen. Eine Laufbahn als aktive Sportlerin stand nie zur Debatte. Mein Ehrgeiz als Athletin hätte bestenfalls für die Betriebssportgruppe gereicht. Dann doch besser zum Fernsehen. Meine Eltern versuchten mir klarzumachen, dass auch Rechtsanwältinnen und Ärztinnen ein aufregendes Leben führen. Doch ich war überzeugt, dass Sportreporter der Beruf ist, der am besten zu mir passt. In der Schule haben mir Sprachen den größten Spaß gemacht, vor allem Deutsch und Englisch.

Aufgewachsen bin ich in Berlin-Friedrichshain. Meine Mutter hat mich früher immer eine »Rundumleuchte« genannt. Klingt so, als hätte ich gern im Mittelpunkt gestanden. Dass ich keine eingebildete Göre geworden bin, verdanke ich meinem älteren Bruder und den Knirpsen, die mit mir im Kinderchor gesungen haben. Durch das Trällern habe ich früh gelernt, wie Bauchatmung funktioniert und was »stimmstärkende Übungen« sind. Trotzdem schrieb später ein Journalist: »Ihre Stimme klingt wie ein Fingernagel auf einem Waschbrett.« Gut, dass ich das damals noch nicht gewusst habe. Nach dem Abitur volontierte ich ein Jahr in der Sportredaktion des DDR-Fernsehens in Berlin-Adlershof. Das war in der DDR der einzige Weg zum Journalismus: erst ein Jahr Berufspraxis, danach acht Semester Journalistik in Leipzig. Wir waren an der Uni 120 Studenten pro Jahrgang: zwei Seminargruppen für Printmedien, eine für Hörfunk und eine für Fernsehen.

Ein Sportreporter und alter Hörfunkprofi vom Leipziger Rundfunk, Helmut Schulze, hatte eine »Nachwuchskrise« bei

Sportjournalisten ausgemacht und wollte dem abhelfen. Also rekrutierte er sechs junge Talente, drückte uns ein Aufnahmegerät in die Hand und schickte uns in den Wald. Dort mussten wir dann fünf Minuten lang ein Blatt beschreiben oder einen Baum. Wenn es regnete, haben wir zu Hause mit Streichholzschachteln weitergemacht. An den Wochenenden sind wir durchs Land getingelt, zu kleinen Sportfesten, standen jeden Samstag mit dem Aufnahmegerät irgendwo am Beckenrand oder an der Laufbahn. Parallel dazu hat »Schnucki« Schulze privaten Sprechunterricht organisiert, und ich konnte so weiter fleißig an meinem schwachen Stimmchen arbeiten, um schließlich die »Rostiger Nagel auf Glas«-Qualität zu erreichen, für die ich heute bekannt bin.

Dies alles geschah während eines ansonsten mäßig interessanten Studiums. In Leipzig – an der Sektion Journalistik der Karl-Marx-Universität – war ich von 1984 bis 1988. In den fünfziger Jahren hatte sich die »Sekte« den zweifelhaften Ehrentitel »Rotes Kloster« erarbeitet. Zu meiner Zeit ging es dort viel liberaler zu, der ideologische Druck von oben hielt sich in Grenzen. Und im Zölibat lebte auch keiner. Nach dem Studium landete ich wie geplant in der Sportredaktion. Man ließ mich viel moderieren und schickte mich zu Highlights wie etwa den DDR-Meisterschaften im Orientierungslaufen. Als die Mauer fiel, war ich 24, eine junge Sportjournalistin mit zwölf Monaten Berufserfahrung. Manche Leute nennen so was die Gnade der späten Geburt. Sicher wäre mein Berufsweg nach 1989 anders verlaufen, wenn ich in der DDR im politischen Journalismus gearbeitet hätte. Aber für mich war der Sport einfach ein Jugendtraum.

Als man nach der Wende dann in allen Ressorts unabhängig und frei arbeiten konnte, bin ich mit fliegenden Fahnen raus aus der Sportredaktion und landete in der Politik. Eine schöne, dichte Zeit, die allerdings schnell vorbei war, denn im Herbst 1991 war allen klar, dass der Deutsche Fernsehfunk (das Nachwende-DDR-Fernsehen) nicht mehr lange existieren würde. Manche sagen, die DDR war zu Ende, als sie anfing, Spaß zu machen. Stimmt.

Ich hatte gehört, dass das ZDF die Produktion eines Morgenmagazins aus Berlin plant, und weil ich in Berlin bleiben wollte, habe ich denen eine Videokassette mit Arbeitsproben geschickt. Seitdem bin ich beim ZDF. Meine Eltern haben immer gesagt, dass Erfolg im Beruf nichts anderes ist als ein Abfallprodukt von Arbeit, die Spaß macht. Bei mir hat das genau so funktioniert.

Aufgezeichnet von Oliver Burgard

Ute Vogt, 1970

Ute Vogt, SPD-Politikerin
Auf Kriegsfuß mit Pythagoras

Ute Vogt, Jahrgang 1964, ist eine leidenschaftliche Motorradfahrerin und auch in Sachen Karriere sehr schnell unterwegs. Im Herbst 2001 wurde die gelernte Anwältin und Landesvorsitzende ihrer Partei in Baden-Württemberg in den Bundesvorstand der SPD gewählt. In ihrer Jugend engagierte sich die praktizierende Katholikin in der Friedensbewegung und ging 1983 zu den Jungsozialisten, weil sie für die Politik von Oskar Lafontaine schwärmte. Mit 24 war sie jüngste Stadträtin im heimatlichen Wiesloch, mit 25 schaffte sie es in den Juso-Landesvorstand, mit 29 in den Bundestag. Mit 37 war sie »reif« für einen Ministerposten. Nachdem sie die Landtagswahl 2001 in Baden-Württemberg nur knapp gegen Erwin Teufel verloren hatte, verkündete Bundeskanzler Gerhard Schröder, fortan gehöre Ute Vogt zur »Führungsreserve erster Klasse«.

Von der fünften bis zur zehnten Klasse war die Schule für mich eine Qual. Ich hatte im Gymnasium in Wiesloch nur einen Lehrer, den ich richtig gut fand, die anderen waren ganz verschrobene Typen. So mussten wir bei einem Musiklehrer zum Beispiel zu Beginn jeder Unterrichtsstunde die Stühle akribisch genau auf den Abdruck stellen, der am Boden zu sehen war. Mein Mathelehrer nannte uns nur beim Nachnamen, und einmal ließ er mich 100-mal den Satz des Pythagoras schreiben, weil ich ihn nicht aufsagen konnte. Er zerriss dann das Geschriebene vor der versammelten Klasse. Wir Schüler bekamen die ganze Verbitterung des Kriegsversehrten ab. Die neunte Klasse musste ich wegen Mathe und Latein wiederholen. Der Mathelehrer fragte mich damals: »Vogt, bekommst du noch in einem anderen Fach eine Fünf? Ja? Dann ist es gut, sonst hätte ich dir eine Sechs geben müssen, damit wir uns nächstes Jahr nicht wiedersehen.«

Zu Hause gab es kein Theater wegen schlechter Noten. Meine Eltern erzogen mich mit großer Gelassenheit. Sie gehören der Kriegsgeneration an, und sie betonen stets, dass es Schlimmeres gebe. Nichts sei so schlimm wie der Krieg. Wir haben zu Hause alles besprochen und uns meistens geeinigt. Meine Eltern haben beispielsweise kein Auto gekauft, ohne das mit meiner Schwester und mir abzusprechen. In meiner Familie habe ich von früh auf gelernt, zu diskutieren und zu hinterfragen. So habe ich nicht eingesehen, warum ich als Mädchen nicht Ministrantin werden durfte. In den größeren Städten gab es das schon, aber unser Oberministrant war dagegen. Also standen meine Freundin Petra und ich ein halbes Jahr lang regelmäßig vor der Tür des Pfarrers. Dann hatten wir unser Ziel erreicht: Der Pfarrer war genervt, und wir durften ministrieren.

Auch in der Schule habe ich den Mund aufgemacht – was

mir Ärger und das Amt der Klassensprecherin einbrachte. Ich erinnere mich noch an einen Streich am Wirtschaftsgymnasium, das ich von der elften Klasse an besuchte. Meine alte Schule und das Wirtschaftsgymnasium lagen direkt nebeneinander. Die Schuldirektoren hatten jedoch verboten, den jeweils anderen Pausenhof zu betreten. Welch unsinnige Regelung! Da sind wir eines Nachts mit einem Farbeimer auf dem Fahrrad hingefahren und haben eine dicke rote Grenze auf den Boden gemalt, was erhebliches Aufsehen und Ärger zur Folge hatte. Auf dem Wirtschaftsgymnasium machte mir die Schule vom einen auf den anderen Tag wieder Spaß. VWL und BWL interessierten mich, und es gab dort nur einen einzigen Lehrer, den ich nicht gut fand.

Nach dem Abitur wollte ich eigentlich Kriminalbeamtin werden. Man hatte aber 1985 in Baden-Württemberg als Frau keine Chance. Bei einer Beratung auf dem Arbeitsamt nannte ich als Lieblingsfächer Deutsch und Sport und sagte, wichtig sei mir, mit Menschen zu tun zu haben. Daraufhin wurde mir empfohlen, mich zur Krankengymnastin ausbilden zu lassen. Mein Vater hingegen wollte von jeher, dass ich in seine Fußstapfen trete. Ich sollte Industriekauffrau beim Badenwerk werden. Ich entschied mich, Jura in Heidelberg zu studieren. Meine Eltern meinten: »Wenn's nix wird, bringen wir dich woanders unter.« Doch ich wollte schon von Kindesbeinen an am liebsten alles selber machen. Eines meiner ersten Wörter war »selter«. Die Wahl des Studienortes hatte auch einen pragmatischen Grund: Ich konnte im Haus meiner Eltern wohnen bleiben, um bei der Pflege meiner herzkranken Oma zu helfen. In den Ferien betreute ich meine Großmutter, seit ich 14 war, alleine.

Das Studium war dann eher unangenehm. Nicht des Faches wegen, sondern wegen der vielen Wichtigtuer. Ich kam aus der alternativen Jugend, mit Moped und Lederjacke. Jeans, Turnschuhe und fertig. Die anderen sahen aus wie frisch aus dem Benetton-Laden, im Collegelook mit Aktenkoffer. Sie waren geschniegelt und haben vornehm getan. Ich dagegen sprach kurpfälzischen Dialekt und war abgestempelt als »die vom Land«. Ich habe mich an der Uni zurückgehalten, war auch in keinem Hochschulgremium engagiert. Ich war Juso-Sprecherin im Rhein-Neckar-Kreis und mit 24 jüngste Stadträtin in Wiesloch – diesen Ämtern wollte ich gerecht werden. Meine politische Arbeit hat mich gelehrt, was ich fürs Leben brauche: Umgang mit Menschen, Durchsetzungsfähigkeit und die Fähigkeit zu argumentieren. Eigentlich hätte dies auch das Studium vermitteln sollen.

Aufgezeichnet von Patricia Zivkovic

Dana Vávrová, 2000

Dana Vávrová, Schauspielerin
Eine Blume winkt nicht

Dana Vávrová, Jahrgang 1967, stand als Sechsjährige erstmals vor der Kamera. In Deutschland fand sie Beachtung durch die Rolle des polnisch-jüdischen Mädchens Janina David in der TV-Serie »Ein Stück Himmel« (1982). Bei den Dreharbeiten lernte die Pragerin den Kameramann und Regisseur Joseph Vilsmaier kennen, der ihr Ehemann wurde. Mit ihm feierte sie große Kinoerfolge: »Herbstmilch« (1988), »Schlafes Bruder« (1995) oder das Porträt der »Comedian Harmonists« (1997). Die Wahlmünchnerin führt auch selbst Regie. Die Geschichte einer bulimiekranken Frau, »Hunger – Sehnsucht nach Liebe« (1997), wurde ihr Spielfilmdebüt als Regisseurin. Auch ihre drei Töchter (Jahrgang 1986, 1989 und 1992) agierten von Klein auf vor der Kamera: Die Entbindung der zweiten Tochter wurde in »Rama Dama« (1990) auf der Leinwand festgehalten. 2000 spielten sie unter der Regie ihrer Mutter in dem Kinderfilm »Der Bär ist los«.

Seit ich denken kann, wollte ich spielen. Meine große Schwester Hana war in einer Amateurtheatergruppe bei uns zu Hause in Prag. Was sie tat, wollte ich auch. Noch ehe ich in die Schule kam, stand ich auf der Bühne – hatte gleich zwei Rollen in einem Stück: Ich spielte ein Mädchen und eine Blume. Meine Oma reiste extra aus Mähren an, um uns zuzuschauen. Ich habe mich sehr gefreut, ihr gewinkt – und wurde geschimpft: »Eine Blume darf doch nicht der Oma winken.« Mit zehn wollte Hana zu einem Casting beim Fernsehen, und meine Mutter ging mit ihr hin. Mich nahmen sie mit, damit ich mit meinen sechs Jahren nicht alleine zu Hause saß. Hana sollte vorsingen und tanzen, meinte aber, sie könne es viel besser, wenn ich dabei bin. Also durfte ich auch auf die Bühne. Mich haben sie genommen, sie nicht. Aber Hana hat es mir einfach gegönnt.

Mir hat das Drehen immer Spaß gemacht, dieses Kribbeln lässt mich nicht los. Selbst der Wettstreit bei den Castings gefiel mir gut. Mit neun habe ich mich um die Hauptrolle in dem Musical »Es leben die Geister« beworben, meinem ersten Kinofilm. Er handelte von Leontinka, einem Mädchen, das als Geist in einer 400 Jahre alten Burg lebt und sich in einen lebendigen Jungen verliebt. Der Bub, der diese Rolle spielte, gefiel mir. Ich verknallte mich auf der Stelle in ihn und gewann das Casting. Die Dreharbeiten waren, als lebte ich einen Traum – ich trug ein Kleid, das aussah wie das einer Prinzessin, und ich fühlte mich wie eine. Als aber die Szene gedreht wurde, in der ich beim Casting so überzeugt hatte, war das Team verzweifelt. Denn ich konnte den Jungen nicht mehr anhimmeln: Er war verliebt in ein anderes Mädchen, das fand ich so beleidigend.

Dass Filmen nicht nur Vergnügen ist, sondern Arbeit, habe ich erst verstanden, als ich mit 13 die Hauptrolle in der deutschen TV-Produktion »Ein Stück Himmel« von Franz Peter Wirth bekam. Es ging um ein polnisch-jüdisches Mädchen, das im Warschauer Ghetto und einer katholischen Klosterschule den Holocaust überlebt. Ich musste in die Seele dieses Mädchens eintauchen, verbrachte schlaflose Nächte, weil mir meine Figur so leid tat. Ich hatte Angst, dass mich die »echte« Janina David, die uns immer wieder besuchte, nicht akzeptieren würde, und wollte meine Aufgabe wirklich gut machen. Ich lernte beim Dreh in München, wie wichtig Disziplin ist und von welch entscheidender Bedeutung es ist, dass Schauspieler und Regisseur ein Team sind.

Für meine Eltern war meine Schauspiellust nichts Beängstigendes, obwohl sie sich im Beruf mit anderen Dingen beschäftigten: Papa war Ingenieur, Mama Geschäftsfrau. Sie ließen mich meinen Weg gehen. Ich durfte Filme machen, solange ich in der Schule gut war. Also gab ich mir Mühe und war eine richtige Streberin. Mit 15 Jahren begriff ich, dass es wurscht war für mein Leben, ob ich eine Eins oder eine Drei hatte. Eine gute Schülerin bin ich aber geblieben. Nach der achten Klasse kam ich von der Gesamtschule aufs Prager Konservatorium, ein Gymnasium für Musiker, Tänzer, Sänger und Schauspieler. Nachmittags wurden die Hauptfächer unterrichtet – Schauspiel, Theatergeschichte, Bühnensprache, Tanz, Gesang – und vormittags die üblichen, Deutsch, Geschichte und so; doch Mathematik, Chemie und Physik fielen weg. Mit 18, 19 hat man das Abitur und ist ausgebildeter Schauspieler.

Am Konservatorium fühlten wir uns sofort als Künstler und wollten auffallen. Hatten alle Leute lange Pullover an, trugen wir längere. Wir lasen Dostojewski in der Öffentlichkeit, um intellektuell zu wirken, saßen stundenlang im Café Slavia gegenüber dem Nationaltheater und haben bei einem einzigen Glas Tee die ganze Welt verändert: Neue Theaterstücke mussten geschrieben und neue Theater gegründet werden, neue Leute mussten her, wir wollten alles anders machen. Danach gingen wir nach Hause im Gefühl, so viel getan zu haben, und waren völlig erfüllt – nur vom Blabla. Es war eine wilde und schöne Zeit. An dieser Schule mochten sie Filmkinder eigentlich nicht und wollten uns fürs Theater gewinnen. Ich habe es versucht, ich mag die Proben am Theater. Aber dann jeden Tag eine Vorstellung, das ist nicht meine Sache. Beim Film ist das anders: Ist die Produktion fertig, kann das nächste Projekt im Kopf entstehen, und das macht immer wieder neuen Spaß.

Aufgezeichnet von Marlis Prinzing

Dagmar Schipanski, 1964

Dagmar Schipanski, Ministerin
Wunsch nach Wissen und Freiheit

Dagmar Schipanski, Jahrgang 1943, Pfarrerstochter, Physikerin und spät berufene Politikerin, ist seit Oktober 1999 Ministerin für Wissenschaft, Forschung und Kunst in Thüringen. Karriere in der Politik machte die Mutter von drei Kindern erst nach der Wende. Zuvor war sie zwar als Physikerin anerkannt, aber der Aufstieg in die DDR-Nomenklatura war ihre Sache nicht. Zur SED hielt sie Distanz und wurde daher erst 1990 Professorin für Festkörperelektronik – an der Technischen Universität Ilmenau, wo sie seit 1967 als Assistentin arbeitete. Die CDU-Politikerin war als erste Frau Vorsitzende des Wissenschaftsrates, kandidierte auf Wunsch von Wolfgang Schäuble 1999 gegen Johannes Rau für das Amt des Bundespräsidenten – und verlor. Eine andere Wahl gewann sie – die zur Frau des Jahres 1999. 2000 bekam sie außerdem den Preis »Frauen Europas«.

Als die Mauer gebaut wurde, war ich 17 Jahre alt und frisch verliebt. Wir haben damals wie auch die Jugendlichen im Westen viel diskutiert und gefeiert. Wir trieben Sport, spielten Theater und tanzten ganze Nächte lang. Es war eine ausgelassene Jugendzeit, die ich genossen habe. Der Bau der Mauer war dann ein gravierender Einschnitt in mein Leben. Noch entscheidender aber war der Einmarsch in die Tschechoslowakei 1968. Dieses Ereignis zerstörte das kleine Pflänzchen Hoffnung auf Liberalisierung. In dieser Phase entwickelten sich intensive Freundschaften zu Leuten, die die gleichen Überzeugungen hatten und die wie ich die Vorgänge in der DDR infrage stellten. Diese Freundschaften dauern bis heute an. Die Ungerechtigkeit des Systems habe ich aber schon vor dem Mauerbau zu spüren bekommen. Ich denke da an ein Erlebnis in meiner Kindheit. Ich wuchs die ersten fünf Jahre auf dem Bauernhof meiner Großeltern auf. Mein Vater war wenige Monate nach meiner Geburt im Krieg gefallen, meine Mutter zu den Eltern auf den Bauernhof zurückgekehrt. Mein Großvater war der Bürgermeister von Sättelstätt, einer kleinen Gemeinde bei Eisenach, und liberal-demokratischer Landtagsabgeordneter in Weimar. Die Kommunisten wollten ihn von diesen Posten vertreiben und ließen ihn 1953 aufgrund von fadenscheinigen Vorwürfen verhaften. Später wurde er all seiner Ämter enthoben.

Ein anderes Erlebnis, das ich als ungerecht empfand, hatte ich in meiner Schulzeit. Nachdem meine Mutter wieder geheiratet hatte, waren wir nach Ilmenau gezogen. Dort ging ich zur Schule und war ein ziemlich wissbegieriger Geist und eine gute Schülerin. Trotzdem wollte man mich nicht auf die Oberschule lassen. Die offizielle Begründung war die »nicht stimmige soziale Zusammensetzung« der Schule. Da mein leiblicher Vater, den ich nicht kannte, Pfarrer gewesen war, wurde ich als »Bürgerliche« abgelehnt. Ich habe dann eine Ausbildung zur Sekretärin begonnen und es nach massivem Druck meiner Eltern drei Monate später dann doch auf die Oberschule geschafft. In den Winterferien habe ich das Verpasste aufgeholt.

Die Bereitschaft, intensiv zu arbeiten – auch mein Unabhängigkeitsstreben –, habe ich bestimmt von meiner Mutter. Mit 18 hatte sie Abitur gemacht, dann kam der Krieg, später die Arbeit auf dem Bauernhof. 1950 hat sie angefangen, sich mühselig auf dem zweiten Bildungsweg bis zur Berufsschullehrerin vorzuarbeiten. Ich selbst begann 1962 mit dem Physikstudium. Ich hätte mir auch vorstellen können, Theaterwissenschaft oder Germanistik zu studieren. Doch die Inhalte in den geisteswissenschaftlichen Fächern waren so ideologisiert, dass man sie nicht studieren konnte. Jura fiel auch weg, weil ich keine Rechtsauffassung vertreten konnte, die ich nicht anerkannte. Die Naturwissenschaften aber waren unabhängig, und die Physik war damals sehr modern. Es war die Zeit der großen Entdeckungen. Die Halbleiterphysik steckte in den Kinderschuhen und versprach eine immense Entwicklung.

Das Studium hat mir riesigen Spaß gemacht, obwohl es wahnsinnig schwer war. Ich war neugierig und lebte meinen Freiheitsdrang aus – so weit wie eben möglich. Schon in den ersten Semestern war ich in Moskau und Sankt Petersburg gewesen, die Reise hatte ich mir durch einen Preis in einem Sprachenwettbewerb in Russisch finanziert. Nach jedem Studienjahr mussten wir ein Praktikum im Betrieb machen. Das half beim Verständnis des eigenen Fachs und der Menschen, die in der Industrie arbeiteten. Ich arbeitete in der Tschechoslowakei, in Bulgarien und in Ungarn. Und später ging ich nach Nowosibirsk. Nowosibirsk war damals das »Silicon Valley des

Ostens«. Ich wollte sehen, wie man dort lehrt und forscht. 1972 konnte ich an einem Institut für Halbleiterphysik noch einige wichtige Versuche für meine Doktorarbeit durchführen. Obgleich es den Menschen dort an vielem fehlte, waren sie sehr gastfreundlich. In Nowosibirsk habe ich gelernt, nicht so typisch deutsch zu sein. Die Warmherzigkeit und Fröhlichkeit der Leute dort fehlt uns. Ich habe versucht, mir ein Stückchen davon zu bewahren.

Aufgezeichnet von Nicole May

Günter Wallraff, 1958

Günter Wallraff, Schriftsteller
Als Pazifist bei der Bundeswehr

Günter Wallraff, Jahrgang 1942, gilt als Inbegriff des investigativen Autors. 1977 heuerte er als Reporter Hans Esser bei der »Bild-Zeitung« an, um in Wahrheit in den Redaktionsräumen des Boulevardblattes für sein Buch »Der Aufmacher« zu recherchieren, das die Arbeitstechniken bei »Bild« offen legte. In den achtziger Jahren gab er sich als türkischer Leiharbeiter Ali aus und schrieb die viel diskutierte Sozialreportage »Ganz unten« (1988) über die kriminellen Machenschaften seiner Arbeitgeber. Den Erkenntniswert von durch Tarnung ermöglichten Innenansichten entdeckte Wallraff in seiner Zeit als nicht anerkannter Kriegsdienstverweigerer bei der Bundeswehr. Heute lebt der ehemalige Marathonläufer als freier Schriftsteller in Köln.

Lehrer, Architekt oder Arzt gaben meine Mitschüler an, als wir einen Aufsatz schreiben sollten über Vorzüge und Nachteile eines Idealberufs. Ich nannte Clown als Berufswunsch – nicht den Clown aus dem Zirkus, sondern einen Clown, einen Narren im existenziellen Sinne. Über das »freiwillig auf sich genommene nicht ernst genommen werden im großen Spiel des Lebens« schrieb ich in meinem Aufsatz. Unser Deutschlehrer benotete ihn nicht: Thema verfehlt. 16 Jahre alt war ich damals. Doch die Prägungen fangen ja noch früher an. Als Kind war Till Eulenspiegel neben Tecumseh mein Held. Heute hätte ich meine Probleme mit ihm, da wo er seine Späße auf Kosten von Schwächeren macht. Damals habe ich mich mit fast allen seinen Streichen identifiziert.

Einmal nahm ich an einem Zeltlager teil, in Mölln, der vermutlichen Geburtsstadt von Till Eulenspiegel. Da kam einer, der sich zur Imagewerbung für die Stadt als Eulenspiegel verkleidet hatte. Wir bekamen Fragen gestellt – und unter 100 Kindern war ich derjenige, der sich die typischsten Antworten im Sinne von Till Eulenspiegel einfallen ließ, woraufhin ich zum Ober-Till-Eulenspiegel der Jugend zu Köln ernannt wurde.

Der Till in mir war es auch, der unseren Klassenprimus in die Pfanne gehauen hat. Das war ein unangenehmer Streber, der die Mitschüler von oben herab und sehr arrogant behandelte und sich bei den Lehrern einschleimte. Eines Tages sagte ich zu ihm: »Der Zeichenlehrer will, dass du dich in der Pose eines griechischen Epheben auf den Schulhof stellst. Ganz unbeweglich musst du verharren, und wir müssen dich vom letzten Stockwerk aus zeichnen.« Da stand er, auf einem Bein, und streckte den Arm nach oben. Wir hatten unseren Spaß.

Eine andere Identifikationsfigur war für mich der brave Soldat Schwejk, vor allem zu meiner Bundeswehrzeit. Damals, 1963, wurde in den Offizierskasinos und Traditionsräumen der Unteroffiziere noch NS-Symbolen gehuldigt. Ich habe mir einiges einfallen lassen, um gegen den abverlangten Drill und Kadavergehorsam anzustinken. Zum Beispiel wenn morgens alles zu den Gewehren flitzte, steckte in jeder Mündung eine Feldblume. Großes Gelächter. Wieder wusste man: Ich steckte dahinter. Bis zuletzt weigerte ich mich, ein Gewehr in die Hand zu nehmen. Denn ich war ja nur eingezogen worden, weil ich meinen Antrag auf Kriegsdienstverweigerung zu spät eingereicht hatte, da ich immer alles auf den letzten Drücker mache. Dieser Verzögerungstick sollte sich diesmal als nützlich erweisen und die Richtung meines weiteren Lebens bestimmen. Sonst hätte ich vielleicht nicht zu der später von mir entwickelten Methode meiner Arbeit gefunden. Denn meine ganzen Schockerlebnisse und Selbstbehauptungsversuche bei der Bundeswehr hielt ich in meinem Tagebuch fest. Das habe ich Heinrich Böll zugeschickt, mit dessen Neffen ich befreundet war. Böll hat mich in seinen Briefen zum Durchhalten ermutigt. Als diese erste unfreiwillige Rollenreportage später als Buch erschien, schrieb er das Vorwort.

Die Zeit als Pazifist bei der Bundeswehr war meine eigentliche Lehrzeit. Dass ich dort den Schikanen der Ausbilder und Offiziere standhielt, verdanke ich auch einem besonderen Rüstzeug: der Literatur, die mein Deutschlehrer uns in der Schule näher gebracht hatte. Derselbe übrigens, der meinen Clown-Aufsatz nicht benotete. Auf dem Lehrplan hatten Wiechert und Bergengruen gestanden, er dagegen las mit uns Böll, Tucholsky, Brecht und vor allem Borchert. Dieser für die damalige Zeit außergewöhnliche Lehrer, Heinz Protzer, machte einem diese Literatur schmackhaft, weil er die Inhalte selbst durchlebt und durchlitten hatte. Als junger Soldat eingezogen, war er als Pazifist aus dem Krieg zurückgekehrt. Er hätte es auch gerne gesehen, wenn ich das Abitur gemacht hätte. Doch ich musste Geld verdienen: Mein Vater starb, als ich 16 war, meine Mutter bekam aufgrund ihres Alters keine Arbeitsstelle mehr und war zu stolz, Sozialhilfe in Anspruch zu nehmen. Für Malerei hatte ich mich schon immer interessiert; deshalb wollte ich Restaurator werden. Dies scheiterte jedoch daran, dass ich dafür Lehrgeld hätte zahlen müssen. So machte ich eine Lehre als Buchhändler. Darauf folgte die Bundeswehrzeit, die mich ziemlich aus den Zusammenhängen schleuderte. Ich trampte danach durch Skandinavien, lebte in Obdachlosenasylen, arbeitete in Fabriken. Diese Zeit, die existenziellen Erfahrungen und vor allem die Menschen, deren Schicksal ich teilte, haben mich mehr geprägt und gebildet, als es die beste Universität vermocht hätte.

Aufgezeichnet von Alexander Kühn

Walter Jens, 1940

Walter Jens, Rhetorikprofessor
Bekennender Bildungsbürger

Walter Jens, Jahrgang 1923, ist ein typischer Hamburger, lebt jedoch in Tübingen. Bis 1988 war er dort Professor – den Lehrstuhl für allgemeine Rhetorik hatte man 1965 extra für ihn geschaffen. Jens ist ein Intellektueller mit Prominentenstatus. Ein Publizist, der sich auch im Fußball auskennt. Ein Altphilologe, der das Matthäus-Evangelium neu übersetzt hat und mehr als 20 Jahre lang Fernsehkritiken für »Die Zeit« schrieb. Ein Redner mit Humor. Seine literarische Arbeit begann der engagierte Pazifist nach dem Ende des Zweiten Weltkrieges mit ersten Erzählungen und Romanen. Fernsehspiele und Theaterstücke folgten. 1982 wäre Walter Jens beinahe aus seinem selbst gewählten Tübinger Exil nach Hamburg zurückgekehrt. Damals wollte ihn die Universität mit einem eigens für ihn geplanten Lessing-Lehrstuhl an die Elbe zurücklocken. Es hagelte Kritik. Jens lehnte ab. Nach seinem Traum vom Glück gefragt, antwortete er einmal: »Verheirateter Abt eines weltlichen Klosters zu sein, wie Lessing es sich erträumte.«

Wir nannten ihn »Speckrolle«, weil er so einen feisten Nacken hatte, oder einfach »das Schwein«. Er war ein dezidierter Nazi, dieser Lehrer an der Gelehrtenschule des Hamburger Johanneums. Meinen »halbjüdischen« Mitschülern machte er das Leben schwer, besonders Ralph Giordano, der in dieselbe Klasse ging wie ich und dem ich sehr nahe stand. Mustergültig war dagegen Studienrat Ernst Fritz, mein Lateinlehrer. Er machte Witze über das Regime. So fragte er uns beispielsweise: »Was ist der Unterschied zwischen einem Hund und einem SA-Mann? Der SA-Mann hebt den Arm, der Hund das Bein.« Einmal ließ er uns das Horst-Wessel-Lied ins Lateinische übersetzen. An der Stelle »Kameraden, die Rotfront und Reaktion erschossen, marschier'n im Geist in unsern Reihen mit« fragte er, was hiervon Nominativ sei und was Akkusativ. Wer hat wen erschossen? Und ist der Vorgang bereits abgeschlossen, also Perfekt: necaverunt? Oder morden die Kameraden noch immer, Imperfekt: necabant? Mithilfe solcher Grammatikübungen öffnete er uns die Augen.

Einige Klassenkameraden schrieben seine Bemerkungen auf und übergaben die Notizen der Polizei. Ein Lehrer von einer benachbarten Schule hatte sie aufgehetzt. Daraufhin kam die Gestapo ans Johanneum und verhörte alle Schüler. Einige verteidigten Ernst Fritz. Noch heute besitze ich das Protokoll, in dem es heißt: »Jens leugnet schlechterdings alles – selbst das, was der Lehrer schon zugegeben hat.« Ich war kein Widerstandskämpfer; ich hatte lediglich das Bedürfnis, durch dick und dünn zu gehen für diesen Mann, der für mich ein Vorbild war. Doch die Rettungsversuche nutzten nichts. Fritz wurde entlassen, kam ins Gefängnis. Nach dem Krieg versuchte er, wieder zu unterrichten; doch er war ein gebrochener Mann. Ehre seinem Andenken.

Seit meinem vierten Lebensjahr leide ich an Asthma, und so brauchte ich nach dem Abitur nicht Soldat zu werden. Stattdessen leistete ich einen Ausgleichsdienst als Luftschutzausbilder. Ich musste die Bürger ausbilden, die in der Nähe des Hamburger Gänsemarkts wohnten. Zu ihnen gehörten auch die Nutten aus den Bordellen zwischen Dammtor und St. Pauli. Die Puffmutter hieß, ich beschwöre es, Emilie Puffsack. 18 Jahre alt war ich, und die armen Wesen dauerten mich; viele von ihnen träumten davon, dass irgendwann ein Mann aus der Provinz käme, der sie heiratete und dem sie eine treue Ehefrau sein wollten. Als 1968 Studenten die Vorlesungen zu sprengen versuchten und dem Dozenten das Wort verboten, fragten mich viele Leute: »Finden Sie das nicht schrecklich?« Das fand ich überhaupt nicht.

Als junger Mann hatte ich die traurige Realität in der Herbertstraße oder im Kalkhof, den Puffrevieren, gemeistert. Im Hörsaal war es weiß Gott leichter. Da ich Studienrat werden wollte, begann ich 1941, in Hamburg Germanistik zu studieren. Schnell erkannte ich jedoch, dass man in diesem Fach um sehr viele Kompromisse nicht herumkam: Man hätte die Nazibarden zu großen Dichtern erklären und sich über jüdische Autoren abschätzig äußern müssen. So wechselte ich das Fach und studierte klassische Philologie bei dem großen Bruno Snell. Dass ich 1996 als erster Wissenschaftler die Bruno-Snell-Plakette der Universität Hamburg verliehen bekam, hat mich dankbar sein lassen.

Zum Wintersemester 1942/43 wechselte ich nach Freiburg. Ich liebte den badischen Schwarzwald, den ich schon als Kind kennen gelernt hatte, als ich, wegen meines Asthmaleidens, insgesamt vier Jahre in einem Sanatorium in Königsfeld verbrachte. Unter der Woche hörte ich von morgens bis abends nur Vorlesungen. Freitagnachmittags war ich immer traurig, weil die Universität bis Montagfrüh geschlossen hatte. An den Wochenenden beschäftigte ich mich, in Littenweiler spazierend, mit Thukydides, Horaz und Sophokles und promovierte mit 21 Jahren über Die Funktion der Stichomythie in Sophokles' Tragödien der Mannesjahre.

Nie werde ich vergessen, wie glücklich mich ein Erlebnis in den fünfziger Jahren gemacht hat: Im Hörsaal A der Universität Freiburg hielt ich einen Vortrag. Ich blickte ins Auditorium und dachte, ich träume: Da saßen meine Lehrer von damals – und hörten mir zu. Unter ihnen, neben dem Germanisten Walther Rehm, auch Martin Heidegger, von dem ich so viel gelernt habe. Aus den hintersten Reihen hatte ich seine Gräzistikvorlesungen verfolgt, war wie gebannt, wenn er Heraklit interpretierte. »Mein verehrter Lehrer« und andere Wendungen, die noch aus älteren Zeiten stammen, bedeuten viel für mich. Wenn einer über mich sagt: »Der Jens ist doch ein klassischer Bildungsbürger« – dann empfinde ich das als Auszeichnung. Ich bin es gern.

Aufgezeichnet von Alexander Kühn

Nike Wagner,
1961

Nike Wagner, Publizistin
Zu Haus in den Tönen

Nike Wagner, Jahrgang 1945, ist die Urenkelin des Komponisten Richard Wagner. Die Publizistin studierte in München, Berlin und den USA Musik- und Literaturwissenschaft und promovierte über »Karl Kraus und die Erotik der Wiener Moderne«. In ihren späteren Publikationen geht es vor allem um Wohl und Wehe, Wirkung und Wert der Wagner-Dynastie. Ihr autobiographisches Buch »Wagner Theater« (1998) ist eine Abrechnung mit dem Thema »Familienbande«. Das Verhältnis zu ihrem Onkel Wolfgang Wagner, Chef der Bayreuther Festspiele, ist notorisch schlecht. Von sich selbst sagt sie, sie sei zwar kein Machtmensch, aber zäh. Als Nachfolgerin ist sie in Bayreuth nicht nur deshalb immer wieder im Gespräch. Hamburg wollte sie 2001 für den Posten der Kultursenatorin – und erhielt eine Absage.

Das Bayreuther Festspielhaus war für uns Kinder in erster Linie ein Abenteuerspielplatz. Mit meinen drei Geschwistern bin ich auf den Beleuchterbrücken entlanggerannt, im Orchestergraben herumgeturnt und über die Feuerleiter aufs Dach geklettert. Damals war der Wagner-Tempel ein Privathaus, immer und überall zugänglich. Ähnlich unkompliziert die musikalische Erziehung: Wir konnten nach Belieben in die Familienloge, dort wurde gekichert, getuschelt, einander die Füße gekitzelt, wenn die Akte nicht aufhören wollten. Wir waren zu Haus, in den Tönen wie in den Balken. Die Nike würde mal auf die Universität gehen, hieß es in der Familie, obwohl keiner so recht wusste, was eine Universität war. Ich schrieb aber eben Einser in der Schule – wenn auch nur in den musischen Fächern –, spielte Klavier, war die typische höhere Tochter. Zudem sportlich, mehr in der Luft als auf der Erde, ich liebte alles, was mit Leichtigkeit und Tempo zu tun hatte.

Nach den Volksschuljahren in Bayreuth kam die Zeit im bayerischen Internat, bis zum Abitur. Dort ging es nicht weniger liberal her als im Elternhaus. Ich durfte meine Katze mitnehmen und ging, statt in den Unterricht, mit Gedichtbänden spazieren. Mich zog die moderne Lyrik an, die dunklen, hermetischen Gedichte, Celan vor allem. Insgesamt war die Schule harmlos und wenig anspruchsvoll. Großes Latinum ja, Englisch, Französisch, aber die deutsche Geschichte hörte beim Ersten Weltkrieg auf. Wagner, im Übrigen, war im Musikunterricht kein Thema. Ein bisschen Liedkultur, ein bisschen Formenkunde. Bildungsbrocken wurden eher indirekt übermittelt, auf den wenigen Reisen mit den Eltern oder eben über die Festspielereignisse. Vor allem über deren »intellektuelle« Seite. Ich lernte viel auf den Einzelproben meines Vaters: Wie vermittelt man den Sängern die unmöglichen

Libretti? Wie verhalten sich Text und Musik und Bewegung zueinander? Oder auf den Pressekonferenzen: Wie erläutert man unverständliches Regietheater? So begriff ich, dass man über Wagner »nachdenken« konnte, dass man über Wagner diskutieren musste.

Aktiv integriert in die Festspiele wurden meine Schwestern und ich auf Wunsch der Mutter. »Meine Töchter sind schön und begabt, die können genauso gut tanzen wie die anderen«, verteidigte sie sich gegen den Vorwurf des Nepotismus. Also tanzten wir in ihren Choreografien, waren Bacchantinnen, Fürther Mädchen und Blumenmädchen. Der Kindertraum, Papis Assistentin zu werden, schien nicht so abwegig. Und doch zerronn er schnell. Als Wieland 1966 starb, war ich 21 Jahre alt. Mit dem Veröden des Elternhauses, der Villa Wahnfried, die schließlich Museum wurde, versanken auch »mein« Bayreuth und die unklar daran geknüpften Lebenswünsche. Es war aber auch eine neue Freiheit mit diesem Verlust gewonnen. Ich studierte Musik und Literatur, in München, in Berlin, schließlich in den USA. Die Wagner-Welt rückte in die Ferne. Aber sie öffnete auch Türen: Ich geriet in gute Gesellschaft. Ein Freund meines Vaters führte mich in die Zirkel der Neuen Musik ein, lehrte mich gesellschaftskritisches Denken, auch in der Kunst. Damit war ich vorbereitet auf die linke Studentenbewegung, die ich in Berlin erlebte und mitmachte, in den Theatern, der Uni, den riesigen Altbauwohnungen mit ihren experimentellen Lebensentwürfen. Stets hatte ich mehrere Schlüssel in meiner Handtasche, weil man ja am Morgen nicht wissen konnte, wo man am Abend landen würde.

Die Zeit war bewegt, ich wollte elektronische Musik komponieren und ging, auf den Rat musikalischer Freunde hin, nach Amerika. Dort gab es Studios und Lehrpläne, dort konnte ich nicht mehr – so meinten sie – uferlos im Theater- und Musikleben herumschwimmen. Das war dann auch so. Schließlich habe ich mich bald ganz auf die Literatur konzentriert. Über ein Doktorandenstipendium kam ich 1975 nach Wien, schrieb über Karl Kraus und seine Zeit. Es war die Kreisky-Ära, und ich war fasziniert von den Zeitzeugen der Epoche zwischen Monarchie und »Anschluss«, die ich hier überall traf. Mit alten Herren essen gehen, ihnen zuzuhören gehörte zu meinen lehrreichsten Ritualen. Ich habe immer über Menschen gelernt, habe die Anregungen, die aus Begegnungen entstanden, weitergesponnen. Irgendwann stieß ich wieder auf Wagner, und das Thema Bayreuth begann mich zu fesseln, sowohl auf der polemischen Ebene wie auf der positiv engagierten. Und wenn ich heute für eine Erneuerung der Wagner-Festspiele in den Ring steige, ist damit gewissermaßen nur ein Bogen zurückgeschlagen.

Aufgezeichnet von Alexander Bogner

Paul Maar, 1944

Paul Maar, Kinder- und Jugendbuchautor Der Eisenhans hat es allen gezeigt

Paul Maar, Jahrgang 1937, schrieb parallel zu seinem Studium der Kunstgeschichte und Malerei Texte für Erwachsene, Funkerzählungen und ein Hörspiel. Er war Kunstlehrer an einem Gymnasium bei Stuttgart, konzentrierte sich dann aber auf seine größte Kunst: Geschichten erzählen und malen für Kinder und junge Leute. »Der tätowierte Hund« war sein erstes Kinderbuch, über 30 weitere folgten, eine Kinderoper, ein Musical und etliche Fernsehdrehbücher. Für seine Bücher ist Maar vielfach ausgezeichnet worden, zweimal mit dem Deutschen Jugendliteraturpreis. 1973 erfand er sein erfolgreichstes Geschöpf, das furchtlose Sams, das aus seinem »Papa«, Herrn Taschenbier, einen selbstbewussten Menschen macht. Zusammen mit Produzent Ulrich Limmer schrieb er das Drehbuch für die erste Verfilmung, die im Herbst 2001 in die Kinos kam – mit Christine Urspruch in der Rolle des Fantasiewesens, das »kein Junge und kein Mädchen« sein will, »nur ein Sams«.

Als Kind war ich ein Träumer und gehörte zu den Kleineren und Schwächeren. Mein Vater prophezeite mir, dass aus mir nie etwas Rechtes würde. Der Eisenhans wurde damals zu meinem ständigen Begleiter. Wie der Prinz in Grimms Märchen, der seine goldenen Haare unter einem Käppchen verbarg, würde ich meinem Vater eines Tages zeigen, was in mir steckt. Mit fünf Jahren konnte ich lesen. Meine Mutter hatte mir immer wieder mit großer Geduld die Wörter vorgelesen, auf die ich deutete. Zum Beispiel diejenigen auf den Verpackungen der Putzmittel: Ata oder Imi. Sie war meine zweite Mutter, meine »richtige« Mutter, wir nannten sie »Himmelmama«, war bei meiner Geburt gestorben. Zum Geschichtenvorlesen hatte meine Mutter allerdings keine Zeit, weil sie in der Gastwirtschaft meiner Großeltern in Thermes, einem kleinen Dorf bei Schweinfurt, mithelfen musste. Eines Tages beim Einkaufen drückte sie gegen die Tür, und ich korrigierte sie: »Da steht ›ziehen‹.« Da bemerkte sie, dass ich Lesen gelernt hatte.

In unserer Dorfschule wurden alle vier Klassen in einem Raum unterrichtet. Wir Erstklässler mussten Sätze lesen wie »Anna hat den Ball, hat Anna den Ball, den Ball hat Hans«. Ich habe dem Lehrer gesagt, ich wolle lieber Geschichten lesen, lernen müsse ich das Lesen ohnehin nicht mehr. Das hat er nicht geglaubt und ließ mich einen Text ganz hinten im Buch vortragen, den ich nicht kennen konnte. Ich trug ihn vor, durfte in die dritte Bank zu den Drittklässlern und wurde als Vorbild gelobt. Das war nicht gut. Die Großen haben mich Knirps nun gehasst. Sie zogen mich an den Haaren und schubsten mich, wenn ich schrieb, sodass ein Strich quer durchs Heft ging. In der nächsten Rechenstunde sollte ich mit den Drittklässlern das Einmaleins mit der Zahl sechs aufsagen, doch das konnte ich nicht. Künftig saß ich also beim

Rechnen bei den Erstklässlern und zum Lesen bei den Großen. Aber ich blieb ein Einzelgänger. Das wurde erst anders, als ich aufs Gymnasium nach Schweinfurt kam. In den Naturwissenschaften blieb ich eine Niete, konnte aber die Fünf in Chemie mit Einsen in Deutsch und Kunst locker ausgleichen. Ich genoss Ansehen, weil ich den Ruhm der Schule mehrte: So gewann ich etwa den Plakatwettbewerb für eine Liederkranz-Aufführung von Mozarts Requiem und kümmerte mich um die Deko für den Schulfasching.

Mein Künstlerimage habe ich sehr gepflegt. In der neunten Klasse trat ich auf wie Aristide Briand von Toulouse-Lautrec: Mit rotem Schal und schwarzem, zusammengedrücktem Hut radelte ich morgens zur Schule. Wir waren eine reine Jungenklasse – bis zur 13. Da kam ein Mädchen zu uns vom Internat, weil sie ihr Abitur an einer staatlichen Schule machen wollte. Als das Klassenfest anstand, losten wir, wer sie zu Hause abholen durfte: Wir schrieben Zettel, warfen sie in meinen Hut – und ich zog Cornelia. Wir haben lange getanzt, und später wurde Nele meine Frau.

Nach dem Abitur studierte ich Malerei an der Stuttgarter Kunstakademie, bis ich Vater wurde, nun auf Sicherheit setzte und Kunsterziehung als Hauptfach belegte. Ich habe auch gern geschrieben: während des Studiums eine Erzählung für den Süddeutschen Rundfunk, Gedichte – und 1968 mein erstes Kinderbuch »Der tätowierte Hund«. Das Manuskript drückte ich einer Buchhändlerin in die Hand, mit der Bitte, es einem Verlagsvertreter ihrer Wahl mitzugeben. So kam es, dass mich der Verleger Friedrich Oetinger nach Hamburg einlud. Oetinger gefiel mein Buch. Er fand, mein Talent liege im feinen Ton für Kinderliteratur. Ich ließ ihn jedoch ziemlich von oben herab wissen, dass ich als Nächstes was für Erwachsene schreiben würde. Da wollte er das Buch nicht mehr drucken. Er baue keinen neuen Autor auf, der nach einem Werk aufhören wolle und Kinderliteratur geringer schätze als Erwachsenenbücher, sagte er und hatte Recht. Ich versprach, weiter für Kinder zu schreiben.

Vier Jahre später stand ich am nächsten Scheideweg: Unser zweites Kind war gerade geboren, als ich den Lehrerberuf aufgab, um als freier Kinderbuchautor zu arbeiten. »Sie sind doch Oberstudienrat«, warnte mich mein Rektor davor, die Sicherheit des Beamtenstatus aufzugeben. Ich brauchte sie nicht. Schließlich bin ich wie der Prinz im Eisenhans-Märchen ein Glückskind, das vom Leben gut behandelt wird. So gut, dass ich manchmal nachts nicht schlafen kann, weil ich fürchte, für so viel Glück irgendwann bestraft zu werden.

Aufgezeichnet von Marlis Prinzing

Marianne Hoppe,
1917

Marianne Hoppe, Schauspielerin
Nach dem Unterricht aufs Pferd

Marianne Hoppe, Jahrgang 1911, die Grande Dame des deutschen Theaters, war nach ihrem Debüt 1933 fast 60 Jahre lang im Filmgeschäft. Während der NS-Zeit war die Tochter eines Gutsbesitzers mit Gustaf Gründgens verheiratet und stieg mit Filmen wie »Romanze in Moll« zu einer der bestbezahlten Schaupielerinnen des Dritten Reiches auf. Auf ihre Rolle in Nazideutschland angesprochen, sagte sie einmal: »Man hätte weggehen sollen.« Nach dem Krieg stand sie in unzähligen Stücken u.a. unter der Regie von Boleslaw Barlog, Hermine Körner und Claus Peymann auf der Bühne. 1999 kam Werner Schroeters filmische Hommage an die Hoppe ins Kino. Titel: »Die Königin«.

Meinen ersten Auftritt hatte ich mit etwa fünf Jahren. Onkel Heinrich war zu Besuch und saß mit meinem Vater im Zimmer, weil die beiden etwas zu besprechen hatten. Meine Mutter meinte, ich solle guten Tag sagen, und öffnete mir die Tür. Da stand ich eine ganze Weile, doch die Männer unterhielten sich weiter und bemerkten mich nicht. In einer Pause trat ich in die Mitte des Raumes hinein und sagte: »Marianne Hoppe heißt dies Kind!« Bereits ein, zwei Jahre später schrieb ich auf einen Zettel: »Vergiß nicht, dass du Schauspielerin werden willst.« Verrückt. Ich weiß wirklich nicht mehr, wie ich auf diese Idee gekommen bin. Sicher, mein Vater liebte Literatur und war ein großer Shakespeare-Verehrer. Doch sind wir fast nie ins Theater gegangen, da wir auf dem Land wohnten und der Weg sehr weit war. Die erste Aufführung sah ich, als ich elf war. Mein Vater nahm mich mit nach Berlin in den »Kaufmann von Venedig«, den Max Reinhardt im Großen Schauspielhaus inszenierte; es war ein großes Erlebnis.

Ansonsten bin ich auf freier Wildbahn groß geworden, auf unserem Gut Felsenhagen in der Ostprignitz. Es war traumhaft, ich verlebte eine Bilderbuchkindheit. Die Nachmittage verbrachte ich mit Vera und Alex – meinen Lieblingspferden. Sie waren für mich wie Spielkameraden. Schon gegen Mittag habe ich immer gedacht: »Gleich ist der Unterricht zu Ende, dann kann ich ausreiten.« Bis ich elf oder zwölf war, wurde ich zusammen mit meinen Geschwistern zu Hause unterrichtet; nur einmal im Jahr mussten wir zu einer Prüfung zum Gymnasium in Perleberg. Die Schule war einfach zu weit entfernt, außerdem war der private Unterricht besser auf uns zugeschnitten.

In allen Fächern unterrichtete mich dieselbe Lehrerin. Einmal hatten wir eine Meinungsverschiedenheit – und ich gab der Lehrerin eine Ohrfeige. Dazu musste ich mich auf die

Zehenspitzen stellen, da ich kleiner war. Als sie meinem Vater ganz entsetzt davon berichtete, fragte der: »Haben Sie ihr gleich eine zurückgegeben?« Sie verneinte, und er meinte: »Dann kann ich auch nichts mehr tun. Dafür ist es jetzt zu spät.«

Als Jugendliche besuchte ich zuerst für zwei Jahre das Königin-Luise-Stift, ein Internat in Berlin-Dahlem; abends mussten wir zur Oberin und einen Knicks machen. Ich betrachtete alles mit großem Interesse. Dann schickten mich meine Eltern nach Weimar, wo ich zunächst in einer »Pension«, einem Internat in Kleinform, unterrichtet wurde. Von der Pension aus gingen wir manchmal ins Theater. Besonders beeindruckte mich »Die Braut von Messina«, vor allem Erika Christen, die in der Aufführung die Mutter spielte. Ihre Stimme war schön und tief, etwa in meiner Lage. Ich habe mir ein Herz gefasst, ihr eine Karte geschrieben und gefragt, ob ich einmal zu ihr kommen dürfe. Sie empfing mich, und ich sprach ihr ihre eigene Rolle vor. Das war schon grotesk – ich junges Mädchen als Mutter. Sie hat es positiv aufgenommen, hat mein ernsthaftes Bemühen erkannt, und von da an war ich ihre Schülerin.

Auf der höheren Handelsschule in Weimar legte ich schließlich mein Examen ab und sollte mich danach bei Gildemeister & Co. vorstellen, einer großen Bank in Berlin. Die habe ich aber nie von innen gesehen. Stattdessen fuhr ich ans Deutsche Theater, um mich an der Schauspielschule zu bewerben. Die Termine fürs Vorsprechen waren schon vorbei, doch die Vorzimmerdame sorgte dafür, dass Berthold Held, der Direktor der Schule, mich noch anhörte. Er stufte mich gleich in die zweite Klasse ein. Schon bald erhielt ich einen Zweijahresvertrag am Deutschen Theater. Da meine Schauspielausbildung so kurz gewesen war, nahm ich Privatstunden bei Lucie Höflich und Ilka Grüning. Wie alle jungen

Schauspieler besaß auch ich das Buch »Der kleine Hey«, in dem Sprechübungen drinstanden. Das D etwa übte man mit dem Satz: »Da du dir doch den Dank durchdacht, den Dido durch den Dolch dort duldet.« Ich habe da aber kaum reingeschaut.

Max Reinhardt gab mir eine kleine Rolle als Tänzerin in »Artisten«; mein Text bestand vielleicht aus zwei Sätzen. In die Probezeit fielen die Pfingstfeiertage, und ich fuhr nach Hause. Als ich in der ersten Probe danach ansetzen wollte, meinen Text zu sprechen, redete der Hauptdarsteller einfach weiter. In meiner Abwesenheit war meine Stelle einfach gestrichen worden. Ich schlug die Hände vors Gesicht und lief von der Bühne. Ich nahm meinen Mantel und wollte gehen, als Reinhardt neben mich trat. »Warum weinen Sie denn?«, fragte er. Ich antwortete: »Herr Professor, man hat mir meine ganze Rolle gestrichen.« Da lachte er herzlich und meinte ganz freundlich: »Sie sollen sie wiederhaben.«

Aufgezeichnet von Alexander Kühn

Albert Speer, 1993

Albert Speer, Stadtplaner
Leben ist Risiko

Albert Speer, Jahrgang 1934, ist einer der erfolgreichsten deutschen Stadtplaner und Sohn von Adolf Hitlers Chefarchitekt und Rüstungsminister. Nach Schreinerlehre und Abendschulabitur studierte er in München Architektur und machte sich 1964 selbstständig. Seine in Frankfurt ansässige Firma zählt zu den ersten Adressen, wenn es um große Planungen geht: Stadtteile in Shanghai und Berlin oder das Europaviertel in Frankfurt, bei dem er sich gegen Konkurrenten wie die Deutsche Bank und den Chicagoer Stararchitekten Helmut Jahn durchsetzte. Zu seinen Lieblingsprojekten gehört das Diplomatenviertel in Riad, zu den jüngsten die Expo 2000 in Hannover. Von 1972 bis 1998 lehrte er Stadt- und Regionalplanung an der Universität Kaiserslautern.

In Berchtesgaden lebte ich als Kind in einer heilen Welt – trotz des Krieges. Mein traurigster Tag war der, an dem meine Mutter meine Lederhose gewaschen hatte, gerade als sie richtig gut speckig und verschmiert war. Ich brach in Tränen aus: Das ging doch nicht. Ich war ein unsportliches Kind, häufig krank – Bronchitis, Scharlach, Kinderkrankheiten – und begriff sehr langsam: Man musste mir alles ein paar Mal erklären. Nach Kriegsende, ich war damals elf, zogen meine Mutter und wir sechs Kinder zu meinen Großeltern nach Heidelberg, wo ich mich durchs Gymnasium mogelte. Mathematik verstand ich nicht. In den Sprachen konnten mich die Lehrer nicht mehr aufrufen, als ich mit 13 oder 14 plötzlich zu stottern begann. Niemand wusste, weshalb ich Sprechprobleme bekam, keiner konnte helfen. Nur in Zeichnen und Malen war ich gut. Schule war zäh, ich suchte einen Ausweg. Obwohl Lehrstellen knapp waren, verschaffte mir Großvater nach der Mittleren Reife einen Platz in einer Heidelberger Schreinerei. Wir Lehrlinge arbeiteten hart, transportierten Türen und Wandvertäfelungen mit Handkarren zu Fuß quer durch die Stadt. Zum Glück war ich mittlerweile belastbarer: Ich kränkelte nicht mehr und ruderte viel, was meinen Körper trainierte. Der Rudersport begeistert mich bis heute. In der Berufsschule fühlten wir uns unterfordert und vertrieben uns die Zeit mit Blödsinn. Mir wurde klar, dass ich mehr wollte als einen Handwerkeralltag. Fachhochschulen waren mir zu verschult, es drängte mich an die Universität.

Gemeinsam mit einem Freund entschied ich mich für die »Härte hoch zehn«: Wir meldeten uns am Abendgymnasium an. Am Wochenende und nach Betriebsschluss von 19 bis 22 Uhr saßen wir auf der Schulbank. Ich fiel dann wegen Mathe durch die Abiturprüfung, wollte aber kein Jahr verlieren. Mit einer Angina als Entschuldigung habe ich hartnäckig für die

Erlaubnis gekämpft, die Prüfung in Bayern wiederholen zu dürfen, wo die Abiturtermine ein paar Monate später lagen. Eine Schülerliebe und die Kunst- und Theaterszene trieben mich ohnehin nach München.

Möglich, dass meine Entscheidung für ein Architekturstudium unbewusst von Vater und Großvater beeinflusst wurde. Schließlich waren beide Architekten. Gedrängt aber haben sie mich nie, und anders als sie interessierte mich von vornherein die Städteplanung mehr als die Konstruktion von Gebäuden. Mein Vater und ich schrieben uns regelmäßig, gesehen haben wir uns kaum – vor Kriegsende war er meistens unterwegs, danach saß er in Spandau im Gefängnis. Meine Briefe sind erhalten, seine nicht: Mutter hat sie zerschnitten und jedem von uns den Absatz gegeben, der ihn anging. Mit seiner Architektur allerdings wollte ich mich damals weder beschäftigen noch mich mit ihm darüber auseinander setzen. Und die meisten meiner Professoren und Kommilitonen nahmen keine Notiz davon, dass ich der Sohn von Adolf Hitlers Architekt und Rüstungsminister war: Sie befassten sich mit Jugendstil oder Bauhaus, der nationalsozialistische Baustil war kein Thema.

Der einzige Hochschullehrer, der mich beeindruckt hat und bis heute beeinflusst, war Professor Hans Döllgast. Er gab uns auf, ein Wochenendhaus zu entwerfen, einen Kubus von fünf auf fünf auf fünf Metern für eine vierköpfige Familie. Wir haben uns alle mächtig etwas einfallen lassen und von hinten durch die Brust gestaltet und designt. Dann hat er uns seinen Entwurf gezeigt: Es war entwaffnend schlicht und raffiniert. Wir hingegen wollten zu viel und haben zu früh aufgehört nachzudenken. Er hat uns gelehrt, komplexe Aufgaben auf das Wesentliche zu reduzieren.

Nach dem Studium nutzte ich ein einziges Mal Beziehungen meines Vaters und bekam eine Stelle im renommierten

Frankfurter Planungsbüro Apel, Beckert und Becker, das intensive Amerikakontakte pflegte. Apel war früher Bürochef bei meinem Vater gewesen. Ich wurde mit Städteplanung betraut und lernte während einer Amerikareise Pläne zur Stadtsanierung in Philadelphia kennen, die mich begeisterten. Über dieses Projekt sollte ich dann im Amerika-Haus in Frankfurt einen Vortrag halten. Ausgerechnet ich, der Stotterer. Ich hatte mich in autogenem Training geübt, mich als dritter Asta-Vorsitzender zum Reden gezwungen – nichts hatte geholfen. Und jetzt das. Der Vortrag lief gut, zog aber die nächste Einladung nach sich – und so ging es weiter. Ich reiste quer durch die Republik, hielt Vorträge in Amerika-Häusern und verlor mein Stottern – bis heute, extreme Stress-Situationen ausgenommen. Geblieben aus jener Anfangszeit ist das Interesse an fremden Kulturen – wir arbeiten gerade an der Stadtentwicklung von Shanghai – und die Einstellung: Leben ist Risiko.

Aufgezeichnet von Marlis Prinzing

Georg Hackl, 2001

Georg Hackl, Rennrodler
Auf den Hintern gesetzt

Georg Hackl, Jahrgang 1966, hat das Rennrodeln in Deutschland populär gemacht. Über den Schulsport kam er zum Rodeln, fuhr zunächst auch im Zweisitzer und schaffte im Winter 1987/1988 den internationalen Durchbruch: In Calgary 1988 erreichte er im Einsitzer die erste Olympiamedaille – Silber, hinter Jens Müller (DDR). Er gewann dreimal in Folge (1992/94/98) olympisches Gold, holte sich drei Weltmeister- und zwei Europameistertitel. Mit Salt Lake City 2002 standen zum fünften Mal Olympische Spiele im Terminplan des Ausnahmeathleten und Schlittentüftlers aus Berchtesgaden – und er holte Silber. Der Sportsoldat der Bundeswehr wurde 1998 von deutschen Sportjournalisten und Zuschauern zum besten Sportler des Jahres gekürt und erhielt den »Fair Play-Preis«.

Die ersten Jahre hatte ich nur ein sekundäres Interesse an der Schule. Ein Baumhaus zu bauen, Fußball zu spielen – das reizte mich viel mehr. Zum Lernen fehlten mir Lust und Antrieb. Also bewegten sich meine Noten gerade mal im Mittelfeld. Mit zehn Jahren begann ich mit dem Rodeln, gewann bald erste Rennen und war mit 14 Deutscher Schülermeister. Ich genieße es, an meine körperlichen Grenzen zu gehen, sie immer weiter zu stecken. Mein Sportlerdasein hat mich viel gelehrt: Ich gewann Menschenkenntnis und die Überzeugung, dass Erfolge nicht überheblich machen oder zu Spleens und Allüren führen dürfen. Sonst fällt man tief nach dem Karriereende.

Als ich erfuhr, welche Bedingungen die Christophorus-Schule des Christlichen Jugenddorfwerks in Berchtesgaden Sportlern bot, wollte ich unbedingt dorthin. Es ist ein Sportinternat mit Abiturzug und einem für die mittlere Reife, in den ich aufgenommen wurde. Aus Stolz, Schüler dieser Schule zu sein, riss ich mich zusammen, setzte mich auf den Hintern und lernte. War keine Sportsaison, hatten wir normalen Unterricht in Klassen von knapp 30 Schülern. Nachmittags und abends ging ich ins Training, anschließend machte ich Hausaufgaben – manchmal auch erst morgens im Schulbus. Bei Wettkämpfen oder Wintertraining fiel für die Sportler in der Klasse der Unterricht aus.

Über Pfingsten, Ostern und in den Sommerferien mussten wir den versäumten Stoff in Gruppen von sechs bis zehn Schülern nachholen. Da konnte man nicht im Schutz der Klasse unaufmerksam sein, sondern war gefordert – und plötzlich empfand ich das Lernen nicht mehr als Last. Naturwissenschaften haben mich besonders interessiert, Deutsch war eine Zeit lang die Hölle. Für meinen Lehrer waren meine Aufsätze schlicht »Mist«. Was ihm an ihnen konkret missfiel, weiß ich nicht. Dann bekamen wir eine neue Lehrerin, die gleich meinen ersten Aufsatz gut bewertete. Das beeindruckte mich, ich stand ihr positiv gegenüber und bald auch ihrem Fach. Damals habe ich begriffen, wie entscheidend Motivation ist. Ich wurde kontinuierlich besser.

Nach der mittleren Reife wollte ich etwas Handwerkliches lernen. Mein Vater, selbst Maurer und Zimmerer und zu Hause ständig am Basteln, fuhr mit mir Baustellen ab, um mir zu zeigen, was mich in den verschiedenen Berufen erwartete. Richtig zugesagt hat mir nichts. In den Sommerferien schaute ich meinem Trainer, Sepp Lenz, zu, der in der Werkstatt im Leistungszentrum in Berchtesgaden an einem Rodelschlitten baute. Da wusste ich, was ich machen wollte: eine Schlosserlehre. In meinem ersten Lehrbetrieb blieb ich nur ein Jahr. Es war ein kleiner Betrieb und ich der einzige Lehrling. Mein Chef konnte es sich nicht leisten, dass ich den halben Winter weg war. Der Beruf ist wichtiger, sagte er. Für mich war Rodeln das Wichtigste, obgleich damals nicht klar war, was ich mit diesem Sport erreichen konnte.

Sepp Lenz hat mir einen Betrieb vermittelt, der auch Aufträge an der Rodelbahn hatte. Dort hat man meine Situation besser verstanden. Dennoch habe ich mir oft gewünscht, mehr Zeit fürs Rodeln zu haben, statt an einem Treppengeländer zu arbeiten. Ich war neidisch auf die älteren Rodelkollegen, die bei der Bundeswehr waren und dort für ihren Sport viele Freiräume erhielten. Im Herbst 1986 machte ich meine Gesellenprüfung, im April 1987 war es dann so weit: Meine Mannschaftskameraden erholten sich auf Gran Canaria und sonstwo von den Wettkämpfen, ich war zur Grundausbildung bei der Bundeswehr. Ich baute meinen ersten Schlitten und holte mir in der Saison 1987/88 Weltcupsieg und Europameistertitel.

Im Rückblick muss ich sagen, dass mich die Lehre für mein Leben geprägt hat: Man lernt am besten von der Pike auf und darf nie die Achtung vor einfachen Leuten verlieren. Ich weiß immer, wo ich herkomme und nach meiner sportlichen Laufbahn wieder lande. Ich habe aus der Zeit, die vor meinen großen Erfolgen lag, noch viele Freunde, meist Leute aus dem Trachtenverein. Wir trafen uns früher zum Mopedfahren oder zum Heimatabend: Es gab Freibier, und wir tanzten – kein bescheuertes Disco-Dancing, sondern Schuhplattler oder Volkstänze, bei denen man sein Mädel im Arm halten konnte. Nach der ersten Olympiamedaille war das vorbei. Im Sommer kamen Touristen zu diesen Abenden und wollten Autogramme, im Winter, wenn die Touristen weg waren, hatte ich Wettkämpfe. Also bin ich nicht mehr hingegangen. Aber wenn meine Sportkarriere beendet ist, steig ich wieder ein.

Aufgezeichnet von Marlis Prinzing

Loretta Würtenberger, 1978

Loretta Würtenberger, Unternehmerin
Leben und Lernen in L. A.

Loretta Würtenberger, Jahrgang 1972, war mit 25 Jahren promoviert und die jüngste Richterin Deutschlands. Den Job an der Großen Strafkammer in Berlin gab sie jedoch auf, um mit ihren Freunden Patrick Boos und Dominik von Ribbentrop 1999 das Internet-Startup Webmiles zu gründen: Wie Vielflieger bei Lufthansa können Online-Shopper bei Quelle oder Fleurop Bonuspunkte sammeln und gegen Prämien eintauschen. Webmiles hat inzwischen Büros in mehreren Ländern. Und Loretta Württemberger hat das Unternehmen verkauft. 2001 nahm sie ein Sabbat-Jahr, las Bücher über Philosophie und Kunstgeschichte und gab der FDP Nachhilfeunterricht in Sachen Internet.

Wir flogen von Los Angeles nach Deutschland, meine Eltern, meine Brüder und ich. Als Versicherungsmanager wurde mein Vater oft versetzt, so verbrachte ich die ersten Grundschuljahre in den USA. Doch nun zogen wir zurück nach Deutschland, in der Nähe von Bonn würden wir wohnen, hatten meine Eltern gesagt. Und plötzlich, während des Fluges, wurde mir klar, dass ich in diesem Augenblick meine Freunde in L.A. verlor. Die Entfernung war einfach zu groß, daran würde ich, mit meinen acht Jahren, nichts ändern können. Es zerriss mir fast das Herz. Der erste Tag in der deutschen Grundschule war schrecklich. Ich saß im Mathematikunterricht, braun gebrannt von der Sonne in L.A., und fragte mich unaufhörlich: Was erzählt dieser Lehrer nur? In Amerika hatte man mir beigebracht, Zahlen zum Addieren untereinander zu schreiben. Das erschien mir damals logisch. Aber dieser deutsche Lehrer schrieb nun alle Zahlen nebeneinander, 5 + 3 = 8. Ich war irritiert. Los Angeles, Bonn, Neuss, Virginia und Düsseldorf – das sind die Orte, an denen ich zur Schule ging. Und die Umzüge haben mich geprägt: Meine beiden Brüder und mich schweißten sie zusammen, denn die Familie war die einzige Konstante in unserem Leben. Diese Verbindung hat bis heute nichts an Intensität verloren.

Bis ich wieder in die Staaten flog, vergingen einige Jahre. Diese Zeit reichte aus, meine Kindheit in L.A. zu verklären: die Nachmittage am Strand, die Leichtigkeit des Lebens dort. In der elften Klasse bekam ich dann ein Stipendium für ein kirchlich geführtes Internat in Lynchburgh und dachte: Toll, das wird meine zweite L.A.-Zeit. Doch der Highschool-Aufenthalt wurde eine ernüchternde Erfahrung: Ich stellte fest, dass das Land meiner Kinderträume voller Widersprüche ist, und das machte mir zu schaffen. Puritanismus hier, Progressivität dort. Virginia statt L.A.

Mein Studium startete ich im wunderschönen Heidelberg, setzte es in Paris und Berlin fort – und zwar auf eine Art, die Juraprofessoren nicht mögen. Im ersten Jahr besuchte ich keine einzige Vorlesung, zog dafür aber einen Handel mit italienischen Woll- und Seidenaccessoires auf. Loretta's hieß mein erstes Unternehmen. Auf einem Markt in Florenz begann plötzlich die Unternehmerin in mir zu ticken: Eine Krawatte kostet also soundsoviel Lire. Was ist, wenn ich zehn kaufe? Fünfzig? Hundert? Natürlich kaufte ich hundert. Verhökerte die zu Hause, flog wieder nach Italien, kaufte 500, verkaufte in Deutschland, kaufte wieder 500 und dachte irgendwann: Was zum Teufel passiert hier eigentlich? Da ich offenbar ohnehin bereits eine Textilimportfirma betrieb, gab ich eine Produktion in Como in Auftrag. Im Nachhinein erstaunt mich das alles nicht: Unternehmer sein ist Veranlagung, das hat man im Blut.

Ein Jahr vor dem Examen hatte ich dann von diesem etwas unkonventionellen Studentenleben genug und holte alles auf. Acht Stunden konzentriert lernen jeden Tag, das funktioniert. Insgesamt habe ich sechs Semester studiert, dann mit »magna cum laude« promoviert. Ich war 25, als ich Richterin wurde. Und diese Zeit war meine schönste. Richterin am Berliner Landgericht – das war eine sehr verantwortungsvolle Aufgabe, der ich mich aber trotz meines jungen Alters gewachsen fühlte. Vielleicht, weil ich mir schon sehr früh Gedanken zur Gesellschaftspolitik gemacht hatte: In meiner Familie diskutierten wir beim Essen oft über politische Themen, ich lernte früh, meine Meinung zu formulieren. Außerdem lese ich viel, Literatur, Biographien, philosophische und politische Bücher – ein bis zwei pro Woche, auch heute noch. Mir tut es immer noch leid, dass ich den Richterjob aufgegeben habe. Doch mein Mann zog nach München, und das

Private stand in Entscheidungssituationen für mich immer im Vordergrund. Da in München keine Richterstelle frei war, arbeitete ich als Anwältin. Doch aufgrund eines Mandats Partei ergreifen – das liegt mir nicht.

Dann gründeten wir webmiles, und dabei habe ich so viel gelernt wie in fünf Studiengängen zusammen. Verträge aushandeln, Marketing-Entscheidungen treffen, der Umgang mit Mitarbeitern – das alles war neu für mich. Als wir die Idee zu webmiles hatten, kündigte ich meinen Job als Anwältin. Sofort. Wir hatten zu dem Zeitpunkt noch nicht einmal Venture-Capital. Mutig, das bin ich! Heute führen wir ein Unternehmen mit 120 Leuten, und für Außenstehende sieht meine Karriere straight aus, geplant. Doch es war vielmehr Schicksal, Fügung, Gottes Hand – je nachdem, wie man es sehen möchte.

Aufgezeichnet von Elke Michel

Gunda Niemann-Stirnemann, 2000

Gunda Niemann-Stirnemann, Eisschnellläuferin
Im dritten Anlauf am Ziel

Gunda Niemann-Stirnemann, Jahrgang 1966, ist die Ausnahmesportlerin des Eisschnelllaufes. Sie gewann dreimal olympisches Gold, 19 Weltmeistertitel, 8 Europameistertitel, 32 Deutsche Meistertitel. 1995 wählte die ARD die im thüringischen Sondershausen geborene Athletin zur Sportlerin des Jahres, 2000 wurde sie in den Niederlanden zur Eisläuferin des Jahrhunderts gekrönt. Doch die Winterolympiade 2002 in Salt Lake City mußte ohne sie stattfinden – mitten in der Vorbereitung wurde sie schwanger.

Wenn ich von der Schule nach Hause kam, flog mein Ranzen in die Ecke, und ich bin zum Sport gerannt. Ich war die Jüngste und das Sorgenkind der Familie, denn ich hatte nur Sport im Kopf. Ich bin geschwommen, Fahrrad gefahren, zum Tischtennis gegangen, habe Volleyball gespielt und Leichtathletik gemacht; zu Spartakiadezeiten manchmal alles an einem Tag. Meine Mutter hat den ganzen Tag gearbeitet, weil sie uns fünf Kinder allein großziehen musste, nachdem sie sich von meinem Vater getrennt hatte. Wenn ich abends um sechs vom Sport nach Hause kam und sie nach den Hausaufgaben fragte, musste ich meistens antworten: »Nee, ich hab sie noch nicht gemacht.« Dann hieß es, sich müde an den Schreibtisch setzen und lernen. Ich hatte in der Schule zwar immer meinen Zweierdurchschnitt, aber mir ist nichts in den Schoß gefallen. Vor allem das Auswendiglernen fiel mir schwer. Meine Mutter war immer hinterher und hat mir erklärt, dass gute Leistungen in der Schule wichtig seien. Das waren sie auch, denn ich wollte auf die Sportschule, und dafür musste ich mindestens einen Notendurchschnitt von 2,2 vorweisen können.

Das Schlimme war, dass ich zu viele verschiedene Sportarten gemacht habe. Irgendwann hat meine Mutter verlangt, dass ich mich auf eine Sportart konzentriere. Die ganze Nacht lag ich wach und grübelte, weil ich mich nicht entscheiden konnte. Gegen Morgen war dann klar: Volleyball sollte es sein. Ich war mir sicher, dass ich auf der Sportschule genommen werde. Bei der Eignungsprüfung in Leipzig bestand ich alle Tests mit »sehr gut«. Doch als wir in einer Reihe standen und die Ergebnisse vorgelesen wurden, war mein Name nicht dabei. Die medizinischen Untersuchungen hatten ergeben, dass ich maximal 1,70 Meter groß werden würde, zu klein für eine Volleyballspielerin. Jetzt war ich zum ersten Mal an Grenzen gestoßen.

Alle Träume schienen geplatzt. Zum Glück war ich bei der Prüfung aufgefallen, und so bot man mir die Aufnahme in die Sportschule der Leichtathleten in Erfurt an. Das war 1981, ich war 14.

Drei Jahre lang zeigte ich gute Leistungen, doch dann kam auch hier das Aus. Die Klubleitung hatte beschlossen, dass ich für eine Karriere nicht geeignet war. Wieder glich mein Leben einem Scherbenhaufen. Was nun? Doch auch in dieser Situation hatte ich Glück, meine körperlichen Voraussetzungen und mein Ehrgeiz eigneten sich für Radsport oder Eisschnelllauf, sagten die Trainer. Eisschnelllaufen, das kannte ich nicht, also entschied ich mich dafür, und so stand ich mit 17 Jahren zum ersten Mal in meinem Leben auf Schlittschuhen. Gleichzeitig fing ich auch mit meiner Berufsausbildung an. Ich hätte zwar Abitur machen können, aber das wollte ich nicht. Ich hatte mir oft morgens um vier Uhr den Wecker gestellt und gelernt, weil ich abends, müde vom Training, über den Heften eingeschlafen war. Ich wollte lieber einen Job und Geld verdienen, Verkäuferin bei der Jugendmode werden, weil wir schlecht an schöne Klamotten rankamen. Diese Ausbildung gab es an der Sportschule aber noch nicht. Nachdem ich meinen Wunsch geäußert hatte wurde sie angeboten. Ich hatte meinen Traumberuf und konnte weitertrainieren. Mein Chef und die Sportschule standen in engem Kontakt und arbeiteten einen Plan mit Arbeits- und Trainingszeiten aus.

Je näher ich mich an die Weltspitze herantastete, desto weniger musste ich arbeiten. Wer Leistung zeigte, genoss Privilegien. Das war ja das Gute an diesem System. Davon habe ich profitiert, und dafür bin ich dankbar. In der heutigen Zeit hätte meine Mutter es finanziell gar nicht geschafft, mich zu fördern. Und vermisst habe ich nie etwas, ich bin gerne auf die Sportschule gegangen, hier hatte ich viele Freunde.

Nach der Wende wurde die Jugendmode geschlossen, und ich war plötzlich arbeitslos. Mit 21 Jahren wusste ich nicht, wie es weitergehen sollte. Alles veränderte sich, und den Staat, in dem ich bisher gefördert wurde und aufgehoben war, gab es nicht mehr. Ich nutzte die Einladung ins »Aktuelle Sportstudio« zu einem Hilferuf. Mehrere Anrufe gingen in der ZDF-Sportredaktion ein, unter anderem der des Thüringer Innenministeriums, die mir anboten, mich in ihrer Bibliothek anzustellen. Ich nahm dankend an, denn zu dieser Zeit war Eisschnelllauf alles andere als populär. So konnte ich ohne Existenzangst weitertrainieren – bis heute.

Aufgezeichnet von Nicole May

Monika
Hohlmeier, 1999

Monika Hohlmeier, Kultusministerin
Seelentrost vom Vater

Monika Hohlmeier, Jahrgang 1962, ist seit 1998 bayerische Kultusministerin. Die gelernte Hotelkauffrau ist mit Politik groß geworden. Sie ist die Tochter des CDU-Politikers und ehemaligen bayrischen Ministerpräsidenten Franz Josef Strauß. Mit 16 Jahren trat sie in die CSU ein. Eigentlich wollte Hohlmeier Dolmetscherin werden, doch nach dem Tod der Mutter musste sie mit Anfang 20 in die Rolle der ersten Landestochter schlüpfen. 1990, zwei Jahre nach dem Tod ihres Vaters, zog sie in den bayerischen Landtag ein.

Meine Grundschulzeit war nicht immer einfach. Es kam vor, dass Kinder von mir begeistert waren und ich gar nicht wusste, warum; wie sich herausstellte, hatten ihre Eltern ihnen gesagt, dass es gut wäre, mit mir befreundet zu sein. Aber es gab auch den umgekehrten Fall, dass Mitschüler mich angriffen: »Mein Papi mag deinen Papi nicht. Darum mag ich dich auch nicht.« Manche Lehrer erteilten mir meines Vaters wegen sogar bewusst schlechtere Noten. Gegen solche politischen Angriffe kann sich ein Kind von sechs Jahren noch nicht wehren. Auf dem Gymnasium wurde es dann besser. Meine Mutter hat sich immer sehr um meine schulischen Belange gekümmert. Gelegentlich wendete ich mich aber auch an meinen Vater. Einmal schrieb ich einen Aufsatz über »Don Giovanni« und gab ihn ihm zu lesen, denn er verfügte über ein phänomenales Deutsch. Er fand den Aufsatz ganz in Ordnung und sagte mir, was er noch verändern würde. Ich gab die Arbeit ab – und bekam eine Vier minus. Daraufhin legte ich das Heft erneut meinem Vater vor. Als ich es mir wiederholte, hatte er einen kleinen gelben Zettel draufgepappt, der nur für mich bestimmt war. Mit grüner Tinte stand darauf geschrieben: »Armleuchter«. Das hat die Seele der Tochter doch sehr getröstet.

Unsere Eltern haben mich und meine beiden Brüder nie eingeengt. Wir hatten nur grundlegende Vorgaben wie Rücksichtnahme und Toleranz. Entscheidungen durften wir selbst treffen. So entschied ich mit zehn Jahren ganz allein, welche weiterführende Schule ich besuchen wollte. Ohne dass meine Eltern etwas davon wussten, bin ich mit der Trambahn zum Münchner Dante-Gymnasium gefahren, habe mich vor den Direktor hingestellt und ihm eröffnet, dass ich jetzt auf seine Schule komme. Man hatte uns in der Grundschule erzählt, dass man hier Französisch lernen könne – und ich liebte diese

Sprache. Meine Eltern akzeptierten meine Wahl. Ebenfalls im Alleingang bin ich als 16-Jährige in die CSU eingetreten. Meine Brüder waren bereits Mitglied, und oft war ich mit ihnen und einigen Freunden nachts mit dem Leimkübel durch die Gegend gezogen und hatte Plakate geklebt. Was mich aber letztendlich zur CSU führte, waren deren Vorstellungen von Freiheit und Verantwortung. Mit stolz geschwellter Brust erzählte ich meinem Vater von meinem Eintritt in seine Partei. Ich erwartete ein Lob, doch das Gegenteil war der Fall. Er war sauer und fragte mich nach meinen Noten in Physik und in Latein. Die waren in Ordnung, schon war er besser gelaunt. Er ließ mich wissen, dass er das alles schön und gut finde – nur müsse ich erst die Schule abschließen und eine Berufsausbildung absolvieren. Denn nichts sei schlimmer als diese Akten tragenden 18-jährigen Funktionärstypen, die von nichts eine Ahnung haben und überall mitreden.

Nach dem Abitur absolvierte ich also eine Ausbildung zur Hotelkauffrau. Der Umgang mit Fremdsprachen machte mir dann so viel Spaß, dass ich Dolmetscherin werden wollte. Doch alle Pläne zerschlugen sich, als 1984 meine Mutter ums Leben kam. Mein Vater war zutiefst verzweifelt. Ich musste ihm den nötigen Rückhalt geben und stand nun mit meinen 22 Jahren neben ihm im Rampenlicht. Zu Terminen hatte er mich ja schon als Kind mitgenommen. Alle Leute waren damals ungemein nett zu mir. Ich bekam Pommes frites und durfte Spezi trinken, wo es doch zu Hause immer nur den selbst gepressten Johannisbeersaft gab. Meist stand ich am Rand und beobachtete die Menschen; schaute, wie sie meinen Vater vornherum hofierten, und bekam mit, was sie hintenrum über ihn sagten. Doch jetzt, nach dem Tod meiner Mutter, war es für mich kein Spiel mehr. Ich habe in dieser Zeit viel gelernt – etwa Besprechungen durchzuführen oder mit Behörden und den unterschiedlichsten Menschen umzugehen. Dabei stellte ich fest, dass es ebenso interessant sein kann, mit dem Handwerksmeister von Ansbach zu reden wie mit dem König von Spanien. Den theoretischen Überbau für meine heutige politische Arbeit habe ich mir dann im Laufe der Jahre zum großen Teil im Selbststudium oder mithilfe von befreundeten Professoren angeeignet. Im Grunde geht mir ein Universitätsstudium bis heute nicht ab. Eines war für mich jedoch stets klar: dass ich kein Amt übernehme, solange mein Vater noch in der Politik aktiv ist. Er war eine allgegenwärtige politische Persönlichkeit, und egal, was wir Kinder in der Öffentlichkeit sagten – es wurde gegen ihn verwendet. Zudem reicht es, wenn einer in der Familie so einen Beruf hat. Damit hatten wir bereits genug zu tun.

Aufgezeichnet von Alexander Kühn

Barbara Auer,
1963

Barbara Auer, Schauspielerin
Ein besonderes »Mauerblümle«

Barbara Auer, Jahrgang 1959, wollte von Kind an gesehen werden, ohne sich selbst zu zeigen. Trotz des gutgemeinten Rates eines Lehrers, sie solle Bibliothekarin werden, ging sie deshalb nach dem Abitur auf die Schauspielschule in Hamburg. 1982 entdeckte Regisseur Alexander Kluge sie für den Film »Macht der Gefühle«. Der Durchbruch kam 1988 mit »Der Boss aus dem Westen«. Im Leben eher schüchtern, spielt sie hier eine selbstbewusste Kranführerin aus der DDR. Danach wurde sie von der Presse zum Star hochgeschrieben, der sie nicht sein wollte. Heute kann Barbara Auer auf eine glanzvolle Karriere zurückblicken: Goldene Kamera, Telestar, Filmband in Gold. Eine stattliche Filmografie, hochkarätige TV-Produktionen.

Die Turnhalle war mein Waterloo. Ich hatte Höhenangst: Anderthalb Meter die Sprossenwand hoch, und ich bekam weiche Knie. Meine Grundschullehrerin zeigte noch Mitleid mit mir, anders die wechselnden Drachen im Gymnasium. Meine erste Sportlehrerin dort rief immer: »Kiste hoch«, wenn wir über den Bock sprangen, das vergesse ich nie. Meine Blütezeit kam, als wir uns fürs Fehlen selbst entschuldigen durften. Im Halbjahreszeugnis der 13. Klasse hatte ich in Sport eine Fünf – wegen Dauerfehlens. Ich ging in Konstanz auf ein altsprachliches Gymnasium, fing mit Latein an, bekam dann Englisch und Altgriechisch. Uns unterrichteten sowohl ganz alte Lehrer, die bei der Übersetzung des »Gallischen Kriegs« ihre Erlebnisse in Stalingrad gleich mit abhandelten, als auch ganz junge. 27, 28 Jahre jung, links, aber nicht ganz links, sonst wären sie unter den Radikalenerlass gefallen. Ich habe 1978 Abitur gemacht. Auf der Straße demonstrierte der Staat seine Macht, und die Eltern rannten in die Schule, um zu verhindern, dass wir »Die Blechtrommel« lesen, die unterm Rock der Großmutter beginnt. Da hat sich mein Deutschlehrer weit aus dem Fenster gelehnt, als er mit uns den berüchtigten Mescalero-Text diskutierte.

Hätte ich drei Jahre früher gewusst, was ich einmal werden will, vielleicht hätte ich das Abitur nicht gemacht. Ich war keine fröhliche Schülerin. Von Kind an wollte ich etwas ganz Besonderes sein: Ich wollte gesehen, wahrgenommen werden. Doch in der Schule hielt ich mich für mittelmäßig und gehörte zu denen, die sich im Unterricht nie meldeten. Nicht aus Faulheit, sondern aus Angst vor Fehlern oder Bloßstellung. Ich verbarg meinen Ehrgeiz, um nicht an ihm gemessen zu werden. Mein Griechischlehrer riet mir dann im Abitur, ich solle Bibliothekarin werden, solle einen »schriftlichen Beruf« ergreifen, bei dem ich nicht viel in Erscheinung treten müsse.

Ich wollte nach dem Abitur erst einmal reisen. Damals war Indien in. Mein Eltern fanden das aber überhaupt nicht witzig. Ich konnte ihnen alles bieten, aber nicht nichts. Und reisen war nichts. Also musste was her: Schauspielerin will ich werden, sagte ich. Ob ich denn wisse, dass ich das kann, schauspielern? Natürlich wusste ich es nicht. Bisher war ich nur in ein paar Sketchen während der Pfarrfastnacht aufgetreten. Die Theater AG an meiner Schule lag gerade brach, als ich in die Oberstufe ging. Trotzdem erschien mir die Schauspielerei das Natürlichste, als ich gefragt wurde. Meine Mutter schickte mich zum Vorspielen zu Ute Fuchs, einer befreundeten Schauspielerin vom Stadttheater. Sie gab mir das Gefühl, begabt zu sein, und bereitete mich auf die Aufnahmeprüfung an der Schauspielschule vor.

Ich glaube, dass es meine Naivität war, die die Prüfer in Hamburg überzeugte. Wie ich da ankam in diesem langen indischen Kleid, den Ledersandalen, den blau geforenen Zehen. Ich spielte die Salome von Oscar Wilde, ein Stück, das auf keinem Spielplan stand. Vor mir her trug ich das von zu Hause mitgeschleppte Tablett, darauf das Täuferhaupt, wie ich den Prüfern im alemannischen Dialekt erklärte. Sie hatten viel Spaß bei meinem Vorsprechen. Als die Zusage kam, waren alle zu Hause erstaunt. So richtig zugetraut hat mir mein Vater, der Lehrer war, den Beruf nicht. »Was will au die spiele, die kann doch bloß a Mauerblümle spiele«, soll er damals gesagt haben, wie mir meine Tante erst kürzlich verriet. Leider ist er sehr früh gestorben und hat mich nie auf der Bühne gesehen.

Das erste Jahr auf der Schauspielschule war furchtbar hart. Man wurde aufgenommen und dachte, damit bereits das Prädikat in Händen zu halten, dass man etwas Besonderes ist. Dieser Glaube wurde dann erst einmal zunichte gemacht. Ich war fleißig, oft schon um acht Uhr in der Schule, um den Proberaum eine Stunde für mich alleine zu haben. Plötzlich durfte ich alles zulassen, wo es doch zu Hause immer hieß: Wie es drinnen aussieht, geht niemanden etwas an.

Dass mich nach der Schule zunächst kein Theater wollte, war eine bittere Erfahrung. Ich habe bestimmt 15-mal vorgesprochen, aber mein Typ war nicht gefragt: zu normal, eben nichts Besonderes. Damals wurden freie Gruppen gegründet, aber ich wollte nicht rumsitzen und diskutieren, sondern spielen, spielen, spielen. Das konnte ich schließlich in Mainz: alle jugendlichen Liebhaberinnen, jedes Weihnachtsmärchen. Ich war gottfroh, dass ich da ankam, und wollte doch gleich wieder weg. Mit meinen jungen Kollegen teilte ich das Gefühl, dass irgendwann das große Leben losgeht. Ich bin jedoch erst aufgefallen, als ich im Fernsehen zu sehen war. Geblieben ist diese Gespaltenheit: der Wunsch, wahrgenommen werden zu wollen und doch wie die Schülerin unbemerkt bleiben zu können. In Interviews denke ich dann: Hoffentlich werde ich nicht drangenommen.

Aufgezeichnet von Dorothée Stöbener

Alfred Hrdlicka,
1999

Alfred Hrdlicka, Bildhauer und Maler
Schlachten auf Papier

Alfred Hrdlicka, Jahrgang 1928, liebt die Provokation. Der streitbare Wiener polarisiert mit seinen in Stein gemeißelten Beschwörungen von Gewalt, Tod und Sexualität die Kunstwelt und erregt mit seinen politischen Äußerungen immer wieder die Öffentlichkeit. So wünschte er 1994 dem Liedermacher Wolf Biermann die Nürnberger Rassengesetze »an den Hals«, weil dieser den PDS-Politiker Gregor Gysi und den Schriftsteller Stefan Heym kritisiert hatte. Für Aufsehen sorgte Hrdlicka, Sohn eines kommunistischen Gewerkschaftsfunktionärs, aber auch, als er bei der Nationalratswahl 1999 in Kärnten als Spitzenkandidat für die Kommunistische Partei Österreichs kandidierte. Studiert hat Hrdlicka an der Wiener Akademie der bildenden Künste (1946–1952) und an der Akademie für Bildhauerei bei Fritz Wotruba. Zu seinen bekanntesten Arbeiten zählen das Mahnmal gegen Krieg und Faschismus in Wien und das Engels-Denkmal in Wuppertal.

Ich bin in einer Zeit der Gewalttätigkeit aufgewachsen. Als ich 1934 mit sechs Jahren eingeschult wurde, waren gerade die Austrofaschisten an die Macht gekommen, und es gab bereits eine ganze Menge illegaler Nazis. In der Arbeitslosensiedlung in Floridsdorf, dem 21. Wiener Gemeindebezirk, haben wir uns mit den Nazikindern geprügelt. Damals wusste ich schon, dass es die Roten gab und die Schwarzen. Die Schwarzen waren für mich die Feinde, die Gfraster. Mein Vater war ein illegaler Kommunist. Gleich zu Beginn des blutigen Bürgerkriegs im Februar 1934 gab es die erste Hausdurchsuchung bei uns. Da sind zwei oder drei Kriminalbeamte aufgetaucht, haben meinen Vater festgenommen und die Wohnung verwüstet. Meine Mutter sagte zu uns Kindern nur: Ihr redet nicht darüber in der Schule. Einige Tage später ist dann der Sohn meines Taufpaten, der Ingenieur Weisl, unter Dollfuß hingerichtet worden – ein Dollfuß-Porträt hängt noch heute in der Wiener ÖVP-Zentrale.

Ich bin in der Wiener Peripherie in einem richtig proletarischen Milieu groß geworden. Die Sittenverhältnisse dort waren herrlich. Die Nachbarsfamilie: neun Kinder und mindestens drei verschiedene Väter. Das Milieu hat mich geprägt, bis heute. Ein Proletarier zu sein – das habe ich nie als Schimpfwort verstanden. Auch meine Kunst entstammt diesem Milieu. Eine ziemlich unsentimentale oder pornografische Kunst, wie man will. Mit meinem Zeichentalent bin ich schon in der Volksschule aufgefallen. Ich durfte große Wandzeichnungen auf Packpapier fabrizieren. Meistens stellte ich blutige Schlachten dar: wie die Griechen die Perser niedermetzeln oder die Römer gegen die Germanen kämpfen. Noch heute nimmt die Darstellung von Gewalt und Brutalität in meiner Zeichenkunst einen wichtigen Platz ein. Als ich im Alter von zehn Jahren auf die Hauptschule wechselte, regierten bereits die Nazis in Österreich. Ab da hieß es: Ein deutscher Junge zeichnet rechts. Im Handzeichnen wurde ich daher bald sehr schlecht, denn ich war ein extremer Linkshänder. Und so bekam ich meine schlechtesten Noten in jenen Fächern, die mich in der Schule am meisten interessierten: in der Bildnerischen Erziehung und in Geschichte.

Während des Krieges absolvierte ich dann zwei Jahre lang eine Zahntechnikerlehre. Das war sehr förderlich für meine Geschicklichkeit, denn die Arbeit verlangte Präzision. Allerdings habe ich die Lehre nicht abgeschlossen und bin nach dem Krieg gleich auf die Akademie für Bildende Kunst gegangen. Mein Vater war entsetzt. »Von was willst du denn leben?«, fragte er. Ich bestand darauf, kein Hobbykünstler zu sein. Glücklicherweise war ich ganz geschickt im Geldverdienen. Als einer der begabtesten Schachspieler Österreichs habe ich damals Simultanvorstellungen gegeben und gegen Lohn bei Turnieren gespielt. Außerdem war ich an der Oper als Hilfsarbeiter beschäftigt, habe Kulissen geschoben oder als Statist ausgeholfen. Die Oper hatte zu jener Zeit übrigens eine Fußballmannschaft, da konnte ich quasi spielerisch dazuverdienen. Wir sind beispielsweise gegen das Burgtheater angetreten oder gegen das Team vom Volkstheater. Auch in unterklassigen Vereinen habe ich für Geld gespielt. Das war natürlich ein harter Job. Da ging es rau zu, denn die gesperrten Spieler von oben haben illegal in den unteren Ligen gespielt, und das waren besondere Verbrecher. Dass ich ohne Schienbeinbruch davongekommen bin, ist eigentlich ein Wunder.

Tagsüber verrichtete ich also Hilfsarbeiten primitivster Art, nach Feierabend ging ich in mein Atelier und arbeitete oft bis ein oder zwei Uhr nachts. Ich konnte arbeiten wie ein Vieh. Deshalb ist meine Wirbelsäule heute nicht mehr die beste.

Meine Kommilitonen ereiferten sich derweil im Beisl über den sozialistischen Realismus und die West-Avantgarde. Ich hielt mich von allen Künstlerkreisen fern, so gut es ging. Völlig unbeobachtet schuf ich riesige Steinskulpturen, nicht einmal mein Nachbar im Atelier bekam davon etwas mit. Als ich dann 1960 erstmals ausstellte, war ich eine Sensation.

Aufgezeichnet von Alexander Bogner

Heiner Geißler, 2000

Heiner Geißler, CDU-Politiker
Der Einzige, der aufstand

Heiner Geißler, Jahrgang 1930, gehört zu den Querdenkern in der CDU und formte die Partei in seiner Amtszeit als Generalsekretär (1977–1989) zur modernen Programmpartei. Der promovierte Jurist, der bei den Jesuiten Philosophie studierte, profilierte sich als Sozialpolitiker. 1967–1977 war er Jugend- und Sozialminister in Rheinland-Pfalz, 1982–1985 Bundesminister für Jugend, Familie und Gesundheit. Seit 1980 ist er Bundestagsabgeordneter für die Südpfalz. In seinen Büchern befasst er sich mit Politik und Wertschöpfung, zu seinen bekanntesten zählen »Die Neue Soziale Frage«, »Abschied von der Männergesellschaft« und »Das nicht gehaltene Versprechen«. In »Bergsteigen« (1997) widmet er sich seiner großen sportlichen Leidenschaft. Sein Band »Wo ist Gott?« (2000) versammelt Gespräche, die er mit Jugendlichen über Glaubensfragen führte und knüpft auch an seine Jugend- und Studienjahre an.

Ich war sieben Jahre alt, als mein bester Freund Kajetan plötzlich verschwand. Meine Eltern sagten nur: »Sie haben ihn mitgenommen.« Kajetan war ein Zigeunerjunge. Er hatte drei schöne Schwestern, eine etwas korpulente Mutter und einen Ehrfurcht gebietenden Vater. Es war 1937, wir gingen zusammen in die erste Klasse an einer katholischen Schule in Ravensburg und, als diese geschlossen wurde, auf eine »deutsche Schule«. Wir wollten wieder nebeneinander sitzen, doch Kajetan musste in die letzte Bank. Ich protestierte, schimpfte und schrie – verhindern konnte ich es nicht. Dann war er weg. Die Erinnerung ließ mich nicht los. Später stellte ich Nachforschungen an und traf Kajetan Reinhardt 1985 bei einer Messe für Sinti und Roma im Dom zu Speyer. Er wirkte durch die Vergangenheit erschöpft, seine Familie war in Auschwitz-Birkenau umgekommen.

Die Auseinandersetzung mit dem Nationalsozialismus zieht sich wie ein roter Faden durch meine Kindheit. Wir eckten wegen unseres Glaubens an. Meine Mutter schubste aufgebracht den Ortsgruppenleiter die Treppe runter, der sich darüber beschwert hatte, dass sie meine Geschwister an der Fronleichnamsprozession teilnehmen ließ. Wohl weil wir eine Familie mit fünf Kindern waren, passierte in der Folge nichts Gravierendes. Es blieb bei Schikanen. Mein Vater, ein Oberregierungsrat und katholischer Zentrumspolitiker, wurde wieder strafversetzt – dieses Mal nach Tuttlingen. Wo wir auch hinzogen – überall ging das Theater von neuem los. Ich erinnere mich gut an die Weihnachtsfeier des Jungvolks 1940; wir lebten gerade in Hannover. Der Fähnleinführer rief in die Runde: »Wer katholisch ist, soll aufstehen.« Er war mir nicht geheuer, doch Sitzenbleiben schied aus. Als Ministrant wollte ich Flagge zeigen, und mir schossen die vielen Heiligenlegenden durch den Kopf, die ich gelesen hatte. Viele wurden als

Märtyrer verbrannt, was mir nicht gefiel, aber imponierte: Lieber wollte ich sterben als leugnen. Ich war der Einzige, der aufstand. Der Fähnleinführer spottete und höhnte, wie ein deutscher Junge solchen Quatsch glauben und katholisch sein könne. Ich erinnere, wie ich tief bekümmert nach Hause gegangen bin, das Gejohle und Geschrei der anderen in den Ohren. Ein paar Tage später habe ich den Fähnleinführer auf dem Schulweg abgepasst und verprügelt. Ich war sportlich und körperlich den meisten überlegen. Gesinnungsterror konnte ich auch später in der Politik nie leiden.

Nach Kriegsende zogen wir von Oberndorf, wo wir die letzten Kriegsjahre verbracht hatten, nach Spaichingen. Hier entwickelte ich ein romantisches Verhältnis zum Missionarsleben. Ich ging oft zur Messe ins Claretinerkloster auf den Dreifaltigkeitsberg und sprach mit den Patres, die von ihrer Arbeit in Spanien und Brasilien erzählten. Ihr Leben reizte mich. Weil man in Spaichingen nur die Mittlere Reife und kein Abitur machen konnte, musste ich ohnehin die Schule wechseln. Das nächste Gymnasium war in Rottweil, doch die Aussicht auf eine Klosterschule gefiel mir besser. Meine Eltern ließen mich auf das Jesuiten-Kolleg in Sankt-Blasien, das war 1946. Das Internat wurde meine zweite Heimat, ich habe nur beste Erinnerungen daran. Vorher plagte mich die Schule, nun fand ich Freude am Lernen. Das lag an den Lehrern, sie waren hervorragende Pädagogen. Unser Mathematiklehrer ließ uns die Aufgaben entwickeln, half und erklärte Zusammenhänge. Ich wurde ein hervorragender Mathe-Schüler und schrieb das beste Abitur meines Jahrgangs.

Was ich aber in Sankt-Blasien vor allem lernte, waren Selbstdisziplin und soziale Verantwortung: Wir lasen in Krankenhaus und Kurklinik Patienten vor, unterhielten sie durch Theaterspiel oder halfen Jesuitenbrüdern bei der Kartoffelernte.

Ich las viel über die Missionsgeschichte des Ordens und die Verunglimpfung der Mitglieder in manchen Ländern und Zeiten. Mir ging's weniger ums Priesteramt. Ich wollte Jesuit werden, um die Welt zu verbessern. Während des Philosophiestudiums an der Jesuitenhochschule in München-Pullach geriet ich jedoch in Glaubenskonflikte. Der bedingungslose Gehorsam bis zur Selbstverleugnung fiel mir schwer. Außerdem entdeckte ich plötzlich, dass ich Gefallen an Mädchen fand. Auch das Keuschheitsgelübde würde also schwierig für mich werden. Allmählich begriff ich, dass Jesuitenpriester für mich keine Berufung fürs Leben war. Ein Jahr lang habe ich mit mir gerungen und gelitten, dann verabschiedete ich mich aus dem Orden und schrieb mich in Tübingen für Jura ein. Das war der schlimmste Bruch meines Lebens, danach erschütterte mich fast nichts mehr.

Aufgezeichnet von Marlis Prinzing

Wolfgang Frühwald, 1955

Wolfgang Frühwald, Wissenschaftsmanager
Frostbeulen im Unterricht

Wolfgang Frühwald, Jahrgang 1935, hat seit 1974 den Lehrstuhl für Neuere Deutsche Literaturgeschichte in München inne. Weltweite Anerkennung erwarb er sich mit Forschungen zur geistlichen Prosa des Mittelalters, zur deutschsprachigen Wissenschaft und Literatur im Exil, zu Adalbert Stifter und Clemens Brentano. Ansehen genießt er auch als Wissenschaftsmanager. Er engagiert sich für die Qualitätssicherung und die internationale Ausrichtung von Bildung und Forschung in Deutschland – von 1992 bis 1997 an der Spitze der Deutschen Forschungsgemeinschaft (DFG), seit 1999 als Präsident der Alexander von Humboldt-Stiftung. 2001 mischte er sich öffentlich in die biopolitische Diskussion ein. Er forderte die DFG auf, das Wort nicht Juristen und Biochemikern allein zu überlassen, sondern die kulturalistische Deutung des Menschen und damit die Geisteswissenschaften wesentlich einzubeziehen.

Mit den Bombenangriffen 1944 auf Augsburg änderte sich mein Schülerleben. Die meisten Mitschüler mussten per Kinderlandverschickung raus aus der Stadt. Meine Eltern erreichten irgendwie, dass mein Bruder und ich in Augsburg bleiben und privat von pensionierten Lehrern unterrichtet werden konnten. Unser »Klassenzimmer« befand sich nun in einer Wohnung, 15 Minuten vom Elternhaus entfernt. Wir waren zehn Schüler, ich war neun Jahre alt und im vierten Schuljahr. Ich genoss die private Atmosphäre und begeisterte mich für Religion, ein Fach, das ich zuvor an der staatlichen Grundschule nicht hatte. Im Unterricht sprachen wir oft über Leben und Tod. Dabei wurde uns klar, dass unser Lehrer, ein Dominikanerpater in Habit, durch das Naziregime gefährdet war; meine Eltern besorgten ihm vorsorglich einen Anzug – für den Fall, dass er untertauchen müsste. Nach Kriegsende ging ich auf Wunsch meiner Eltern ein fünftes Jahr zur Grundschule und danach auf das humanistische Gymnasium bei St. Anna. Brennmaterial zum Heizen war knapp, und wir saßen in Mänteln im Unterricht, bekamen Frostbeulen und hatten die Krätze. Unsere Lehrer waren »nachweislich antinationalsozialistisch« und gleichzeitig gute Pädagogen. Sie wurden aus dem Ruhestand geholt und ließen sich von uns mit Fragen nach Kriegsgeschichten vom Unterricht ablenken. Unseren Hebräischlehrer, einen evangelischen Pastor, der bei der Artillerie gewesen war, fragten wir nach der Berechnung einer Geschossbahn, wenn uns nicht nach Vokabellernen war.

Mit der Rückkehr jüngerer Lehrer aus der Kriegsgefangenschaft änderte sich der ganze Unterrichtsstil. Unser Deutschlehrer ließ uns Johann Peter Hebels Märchen »Kannitverstan« spielen und damit Literatur unmittelbar nachempfinden. Ich hatte eine stumme Rolle, die mir gut gefiel: Ich ging hinter Kannitverstans Leichenzug und zählte an den Fingern seine

Verdienste und Verluste ab. Derartiger Unterricht weckte in mir den Wunsch, Lehrer zu werden. Eisenbahner wie mein Vater, Großvater und Urgroßvater wollte ich nie werden, vermutlich wegen meiner Mutter. Als Elektroingenieur bei der Reichsbahndirektion in Augsburg musste mein Vater auch die Seile der österreichischen Kabinenbahnen kontrollieren und dazu auf deren Dach den Berg hochfahren. Ich weiß noch gut, dass meine Mutter vor Angst alle verrückt gemacht hat, wenn der Vater etwas später nach Hause kam.

Nach dem Abitur 1954 schrieb ich mich in München für Geografie, Geschichte und Germanistik ein und wusste genau, was ich wollte: am Gymnasium in Donauwörth Geografie unterrichten. Meine Freundin (später meine Frau) kam von dort und schwärmte von dieser Schule. Friedrich Hölderlins späte Hymnen ließen jedoch die Germanistik zu meinem Lieblingsfach werden. Mein Lehrer Hermann Kunisch war mit dem Religionsphilosophen Romano Guardini befreundet, kannte Freunde von Willi Graf und den Geschwistern Scholl. So erfuhr ich aus erster Hand früh viel über Widerstand und Exil. Nach dem Examen 1958 hatte ich bereits eine Lehrerstelle in Aussicht, als Kunisch mir anbot, sein Assistent zu werden. Das Angebot hätte ich schon aus finanziellen Gründen nicht ablehnen können: An der Universität verdiente ich 400 Mark mehr – viel Geld, vergleicht man das mit unserer damaligen Monatsmiete von 90 Mark.

Auf Promotion, Habilitation und Lehraufträge folgte 1970 die erste ordentliche Professur in Trier, wo radikale Gruppen das Sagen hatten. Ich gehörte zu jenen Professoren, die vieles besser machen wollten, gehasst wurden wir trotzdem – aus Prinzip. Oft stand ich im Hörsaal vor jungen Menschen, die stur an Weltrevolution und marxistische Heilsreligion glaubten. Das rechtfertigte für sie Schikanen wie zerstochene Reifen und nächtliche Drohanrufe bei uns Professoren. Die heutige Generation der Studierenden ist völlig anders. Sie will alles wissen, presst ihre Lehrer aus wie Zitronen und denkt selbst nach – zum Glück. Doch die Erinnerung an die siebziger Jahre verstört mich noch immer. Junge Menschen sind leicht verführbar und greifen dann schnell zu Mitteln der Gewalt. Das macht mir Angst – bis heute.

Aufgezeichnet von Marlis Prinzing

Jette Joop, 2000

Jette Joop, Designerin und Unternehmerin
Angetrieben vom Talent

Jette Joop, Jahrgang 1968, ist gelernte Industriedesignerin. Die Tochter des Modedesigners Wolfgang Joop machte ihr Abitur in Oxford und lebte zehn Jahre in Amerika. Am Art Center College of Design in Pasadena/Kalifornien studierte sie Autodesign und arbeitete danach als Schmuck- und Accessoire-Designerin für Barry Kieselstein und Ralph Lauren. 1996 gründete sie ihre eigene Firma. Unter dem Label JJ entwirft sie Schmuck, außerdem Mode und Schuhe. Jette Joop lebt mit Mann und Tochter in Hamburg.

Ich solle doch mal normal reden, haben die Kinder in der Grundschule gemeckert. Nicht so viele Fremdwörter benutzen. Bis ich drei war, habe ich in Braunschweig bei meinen Großeltern gelebt, weil meine Eltern noch mitten in der Ausbildung steckten. Ich sah sie am Wochenende. Mein Opa, er war Chefredakteur des Kulturmagazins »Westermanns Monatshefte«, hat viel mit mir gelesen und mich sehr gefördert.

Als mein Vater eine Anstellung als Moderedakteur beim Frauenmagazin »Neue Mode« bekam, zogen wir nach Hamburg. Ich durfte immer mit in die Redaktion, habe mit Stecknadeln und Knöpfen gespielt, gebastelt, gemalt und alle Eindrücke aufgesogen. Als ich eingeschult wurde, war ich eben weiter als meine Klassenkameraden. Das Einzige, was mich in der Grundschule und bis zu meinem 15. Lebensjahr gehandikapt hat, war eine leichte motorische Störung: Wenn mir jemand den Ball zuwarf, griff ich daneben.

Als mein Vater richtig bekannt wurde, war ich elf. Plötzlich interessierten sich die Klassenkameraden für meine Familie. Mit 17 wollte ich raus, mich – ohne dass gleich jeder meinen Namen kennt – in einer anderen Kultur erfahren. Ich ging nach Oxford, weil ich in Hamburg das Gefühl hatte, nicht mehr atmen zu können. Wenn man es psychologisch deuten möchte, kann man auch sagen: Ich bin mit der Scheidung meiner Eltern nicht klargekommen. Die Lehrer an meiner Schule St. Claire's Hall waren allesamt etwas verschroben. Manchmal wünsche ich mir, ich könnte meine Augen abstellen, denn sie sehen jeden noch so kleinen Makel. Der Direktor hatte drei fettige Haare quer über der Halbglatze liegen, Schuppen und Anzüge, die an den Nähten stets speckig waren. Mein Geschichtslehrer trug einen zu engen Anzug und hatte manikürte Fingernägel. Die Eleganz, mit der er geschichtliche Zusammenhänge darstellte, faszinierte mich jedoch. Aber ich war auch häufig allein und deshalb nicht nur glücklich in Oxford.

Innerhalb kürzester Zeit legte ich ordentlich an Gewicht zu. Mit 16, 17 hatte ich noch hin und wieder gemodelt, meine Niedlichkeit war ein fester Anker meines Seins. Jetzt trug ich Kleidergröße 42, 44. Ich war dick. Diese Erfahrung prägte mich und meine Arbeit ganz entscheidend: Ihr verdanke ich eine emotionale Weichheit Menschen und ihren Schwächen gegenüber. Ich möchte, dass sich die Menschen mit meinen Produkten wohl fühlen, sie mit ihrer Hilfe manchmal auch Unzulänglichkeiten kompensieren können.

Richtig schlank war ich erst wieder mit 21, als ich am Art Center College of Design in Pasadena Autodesign studierte. In den Fachbereich wurden nur die Besten aufgenommen. Das Studium war härter als jeder Job danach. Wer dreimal fehlte, flog aus dem Kurs, wer morgens um neun nicht da war, wurde eine Note runtergesetzt. Man gab uns absichtlich nicht zu bewältigende Mengen an Hausaufgaben auf, um unsere Belastbarkeit zu steigern. Wir realisierten von der Industrie gesponserte Projekte: von der Idee bis zum Modellbau. Ich war neugierig auf diese Art des Studiums – meine Familie ist sehr calvinistisch geprägt, sehr leistungsbezogen – und auf die Formen, die da entstanden, ihre skulpturelle Qualität.

Mit meinen Autodesigns in der Mappe bewarb ich mich nach dem Studium bei dem Edelschmuckdesigner Barry Kieselstein in New York. Seine Arbeiten haben eine gewisse Schwere, die an das Autodesign denken lassen. Ich dachte, das kann ich auch. Ich durfte neben der Designarbeit aber gerne auch Kaffee kochen und Papier abheften. Über eine Zeitungsanzeige kam ich später zu Ralph Lauren, der mich unter 300 Bewerbern auswählte. Erst nachdem ich bereits eingestellt war, wurde ich gefragt, ob ich eigentlich mit dem Modedesigner Joop verwandt sei.

Mit 26 war ich nicht mehr zu halten: Ich entwarf meine erste eigene Linie und schaffte es, sie an die Edelkaufhäuser Bergdorf Goodman und Neiman Marcus zu vertreiben. Im ersten halben Jahr hatte ich bereits einen Umsatz von 250 000 Dollar, aber keinerlei Ahnung vom Geschäftemachen. Am Ende fehlten mir 80 000 Dollar. Ich war zu schnell zu weit gekommen. Ich nahm einen zweiten Anlauf. In Deutschland, und dieses Mal mit Kind. Das war happig. Was mich antreibt, ist mein Talent. Ich muss kreieren, sonst bin ich nicht glücklich. Und ich habe keine Angst davor, meine Grenzen zu sehen. Nur wer seine Grenzen auslotet, erfährt sich selbst. Ich könnte auch zum Jetset gehören. Doch ich bin ein ernsthafter Mensch, und der Sinn des Lebens besteht für mich im Lernen und Weitergeben von Wissen.

Aufgezeichnet von Dorothée Stöbener

Christina Paulhofer, Theaterregisseurin
Gewehrt mit Fleiß und Fäusten

Christina Paulhofer, Jahrgang 1971, hat seit ihrem Regiedebüt 1996 in Bochum den Status eines Shootingstars der deutschsprachigen Theaterszene und gilt als »Frontfrau der Unterhaltung« (»Die Zeit«). Von ihrer Großmutter wurde die in Bukarest geborene und in Bayern aufgewachsene Jungregisseurin mit den Worten in die Welt geschickt: »Du musst mich rächen in der Männerwelt.« Daraus wurde ein Theatereroberungs-Feldzug. Christina Paulhofer inszeniert an den großen Bühnen, etwa in Zürich »Rave« von Rainald Goetz, in Wien »Frühlings Erwachen« von Frank Wedekind und in Berlin »Macbeth«. Studiert hat Christina Paulhofer in München und an der Filmhochschule in Paris, wo sie seit 1996 auch lebt.

Eigentlich wollte ich Schauspielerin werden. In Rumänien waren Schauspieler Leute, die in Häuser mit Swimmingpools eingeladen wurden, die sich dauernd verliebten und laut rumschreien durften. Außerdem war mein Vater ein großer Schauspielstar. Aber ich war zu stolz, ihn um Hilfe zu bitten. Ich habe mich bei jeder einzelnen Schauspielschule in Deutschland beworben, bin aber zu keiner gegangen. Schuld war dieser Moment, als ich, auf dem Küchenboden sitzend, als Lucile aus »Dantons Tod« einen solchen Schrei ausstoßen sollte, »daß erschrocken Alles stehn bleibt, Alles stockt, sich nichts mehr regt«. Ich saß da und kicherte. Um eine gute Schauspielerin zu sein, darf man sich nicht dauernd selbst beobachten. Das tue ich aber, da habe ich gar keine Wahl.

Meine Eltern wollten sowieso lieber, dass ich Medizin studiere. Vielleicht, weil es die Medizin war, die uns aus Rumänien herausgebracht hat. Als ich vier Jahre alt war, ist mir ein Topf mit kochend heißem Wasser auf den Kopf gefallen, und weil die Verbrennungen nicht heilen wollten, bekamen meine Mutter und ich ein Touristenvisum, damit ich in München operiert werden konnte. Als wir dort ankamen, stellte meine Mutter einen Asylantrag. Ein großer Spaß im Auffanglager Nürnberg-Zirndorf waren die Kleiderspenden vom Roten Kreuz. Zur Sammelstelle habe ich mich immer schon am Morgen hingeschlichen und mir das schönste Stück herausgesucht. Meine Mutter bekam einen Job als Lehrerin in Röthenbach an der Pegnitz. Mein Vater wurde für unsere Flucht bestraft und durfte Rumänien erst nach Jahren der Schikane verlassen: Man hatte ihm ein Arbeitsverbot erteilt und seinen Namen im Abspann seiner Filme geschwärzt.

Natürlich war ich in Röthenbach erst mal die »Türkin«. Ich konnte kein Wort Deutsch. Aber als Streberin wurde ich bald Klassenbeste, und dann hat sich keiner mehr getraut, mich auszulachen. Außerdem schickte mich meine Mutter als Sportlehrerin ständig zum Turnen, sodass es mir keine Probleme machte, die Jungs einfach gegen die Wand zu donnern, wenn sie mich wieder mal blöd anredeten. Heute sind im Theater natürlich feinere Methoden gefragt – was mir manchmal schwer fällt. Als hätte ich nicht als Flüchtlingskind alles Recht dazu, die höheren Bürgerkinder zu verprügeln.

Als ich gerade richtig Fränkisch konnte, sind wir wieder umgezogen. Diesmal nach München. Da haben sie zwar auch wieder gelacht, aber da gab es wenigstens das Filmmuseum, wo ich die nächsten zehn Jahre herumgesessen habe. Fassbinder, Antonioni, Godard und Truffaut. Außerdem habe ich mich so lange im Schuhmann's neben den von mir bewunderten Filmkritiker Michael Althen gesetzt, bis ich richtig zuhören durfte. Später, an der Filmhochschule in Paris, habe ich meine Lebensgeschichte einfach unterschlagen. Für die Leute dort war ich la boche, die Deutsche, und darauf war ich stolz.

Am Bayerischen Staatsschauspiel machte ich während meines Germanistikstudiums in München meine erste Assistenz. Später assistierte ich dann noch in Salzburg und London. Dabei wusste ich noch gar nicht, ob ich wirklich zum Theater wollte. Ich liebte zwar Theater, habe mich aber gefragt, warum die da die ganze Zeit in den Kantinen herumsitzen, über sich sprechen und saufen. Heute eine meiner Lieblingsbeschäftigungen. Während meiner Zeit in Paris bat ich Leander Haußmann, in Bochum eine Regie machen zu dürfen – obwohl ich nicht als Assistentin dort gearbeitet hatte. Er war dagegen, doch ich versprach ihm, das ganze Stück selbstständig auf die Beine zu stellen. Wenn das Stück platzt, sagte ich zu ihm, siehst du mich nie wieder, ich setze keinen Fuß mehr in das Theater. Er antwortete, dann mach es, aber ich helfe dir nicht. Daraufhin schrieb ich eine Neufassung von »Blick zurück im Zorn« für die neunziger Jahre. Ich überzeugte fünf Schauspieler von meinem Projekt, das Stück wurde aufgeführt – und es war okay.

Aufgezeichnet von Alexander Bogner

Barbara Schöneberger, 2001

Barbara Schöneberger, TV-Moderatorin
Reden als Beruf

Barbara Schöneberger, Jahrgang 1974, wurde 1998 mit einem Auftritt in der »Harald-Schmidt-Show« schlagartig bekannt. Die Ex-Moderatorin von »Girlscamp« übernahm im April 2001 eine eigene Late-Night-Show: »Blondes Gift« läuft beim kleinen Pullacher Fernsehsender Sun-TV, der zahlreiche Stadtkanäle wie zum Beispiel tv. münchen beliefert. Inzwischen ist die Show bei jungen Zuschauern Kult.

Kurzfristig fand ich den Kindergarten gruselig: Ich bin ein Einzelkind und hatte – und habe – einen engen Kontakt zu meiner Mutter. Nicht nur dass ich mich von ihr trennen musste, am ersten Kindergartentag trug ich auch noch eine runde Brille mit geriffelter Folie und einem Elefanten auf einem der Gläser, um mein Schielen zu kurieren. Später kam eine Zahnspange hinzu. Es war alles sehr peinlich. Aber ich habe schnell gemerkt, dass man da ja auch neue Leute kennen lernt. Das fand ich gut. Dieses Gefühl, die Freude am Reden, am Treiben auf dem Schulhof, an dem »social event« Schule hat mich bis zum Abitur nicht mehr verlassen.

Ich ging auf ein musisches Gymnasium in einem Vorort von München. Da waren auch die Kinder der Kollegen meines Vaters. Er ist Soloklarinettist an der Münchner Oper. Musik war dort Hauptfach, das war mein Glück. Ich habe ganz einfach eine einseitige Begabung: Sprachen, Kunst, Musik – alles prima. Aber bei den Zahlen hapert's. Sobald im Unterricht etwas anderes auftauchte als die vier Grundrechenarten, war's aus. Ich hatte die teuersten Nachhilfelehrer Münchens, ohne Erfolg. Einer arbeitete nach einem Prämiensystem: 50 Mark wollte er, falls ich eine Zwei im Zeugnis hätte, 100 bei einer Eins. Meine Mutter hat nur gelacht: »Wenn meine Tochter eine Eins in Mathe schreibt, zahle ich Ihnen gern tausend Mark.« Ich hatte wieder eine Fünf. Meine Mutter kann sich eben auf mich verlassen. Die Versetzung in die Kollegstufe schaffte ich nur wegen meiner Leistungen in Deutsch und Englisch und meiner Eins in Musik: Ich sang im Schulchor mit und musste, so verlangte es die Schule, Klavier lernen, jeden Tag eine halbe Stunde.

Nach dem Abitur fiel ich erst mal in ein schwarzes Loch. Denn trotz meines Mathehorrors bin ich ja sehr gern zur Schule gegangen. Andere hatten sich schon längst mit den

ZVS-Bögen rumgeschlagen und konkrete Pläne gemacht, ich aber nicht. Ich wusste nur, dass ich gern etwas Handfestes machen wollte – wo man ins Büro geht und mit Stiften und Papieren hantiert. Zu der Zeit bin ich manchmal Modeschauen gelaufen. Warum also nicht Modejournalistin werden? Über eine Bekannte kam ich zu einem Volontariat bei einem obskuren Münchner Modeblatt »Mode Spezial«. Meine Chefin war eine der unangenehmsten Frauen, denen ich je begegnet bin. Vom ersten Tag an machte ich in ihren Augen alles falsch – etwa die Bleistifte mit der Spitze nach unten in den Behälter stellen. Ich bin eigentlich ganz selbstbewusst, aber das war sehr hart. Jeden Abend habe ich ein Glas Nutella geleert und ins Kissen geheult. Nach drei Monaten hatte ich genug.

Ich ging dann an die Uni nach Augsburg und fing an, Soziologie zustudieren. Augsburg hat mir gleich gefallen: Obwohl ich mich zwei Wochen zu spät angemeldet hatte, wurde ich problemlos zum Studium zugelassen. Und in Soziologie konnte ich meine Allgemeinbildung vervollständigen, denn in dem Fach ist alles drin: Politik, Geschichte, Psychologie. Ich hatte einen sehr charismatischen, herrlich bösen Professor, dessen Vorlesungen richtig spannend waren. Prompt hatte ich nur noch beste Noten. Nach der Zwischenprüfung hat er mir sogar eine Stelle als Hiwi angeboten, was mich zwar gefreut hat, ich mir aber finanziell nicht leisten konnte. Die Stelle war einfach zu schlecht bezahlt. Ich hatte damals eine Wohnung, ein Auto, ein Handy. Ich musste Geld verdienen und habe alles Mögliche gemacht: Modeschauen, Klamotten verkauft, Interviews verschriftet oder den Hostesservice bei großen Messen koordiniert.

Irgendwann lernte ich dann so einen Typen kennen, der immer vom Fernsehen geredet und mir gleich einen Agentenvertrag vorgelegt hat. Ich habe ihn unterschrieben und sofort wieder vergessen. Jahre später hörte ich dann wieder von ihm, mittlerweile vertrat er alle möglichen Show- und Fernsehstars. Ich sollte zu einem Casting kommen für die Sat.1-Show »Dame König Bube« mit Elmar Hörig, wo eine Assistentin gesucht wurde. Als ich diesen Job dann hatte, begannen die echten Herausforderungen aber erst: Hörig hat mich einfach angesprochen – Na Babsi, bist du auch schon mal von Kopf bis Fuß in Beton eingegossen worden? –, und ich musste sofort etwas irre Witziges antworten. Gar nicht einfach, aber allmählich begann ich, mehr zu reden als Hörig. Dann kam ein Angebot nach dem anderen, vom DSF-Tennismagazin über die Sat.1-Morningshow »WeckUp« bis zu »Girlscamp« und »Blondes Gift«. Das Studium habe ich nie beendet.

Aufgezeichnet von Nils Minkmar

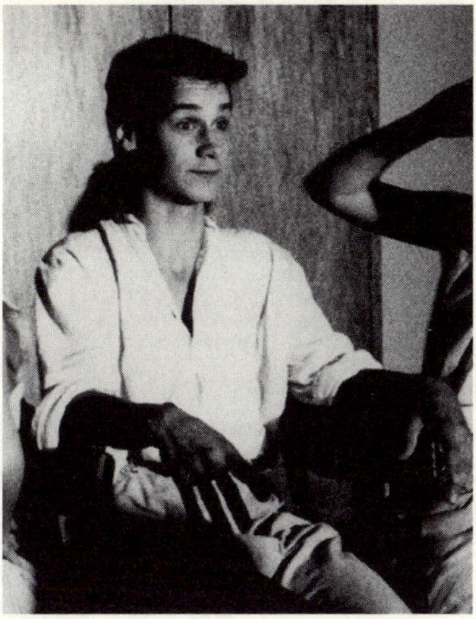

Christian Spuck,
1986

Christian Spuck, Tänzer und Choreograf
Wenn Träume wahr werden

Christian Spuck, Jahrgang 1969, musste erst das Abitur machen, bevor er tanzen durfte. Der gebürtige Marburger studierte an der John-Cranko-Schule in Stuttgart klassischen und modernen Tanz, war bei Anne Teresa de Keersmaker am Tanztheater Rosas in Brüssel und zwei Jahre choreografischer Assistent bei Marco Santi. Marcia Haydée holte ihn 1995 ans Stuttgarter Ballett. Ein Jahr später gab er sein Debüt als Choreograf. 1998 wurde er von der Fachpresse zum »Nachwuchschoreografen des Jahres« gekürt. Die Erfolge mit »amores I« (1998), »dos amores« (1999) und »das siebte blau« (2000) für das Stuttgarter Ballett brachten ihm Aufträge von außerhalb. Für Mauro Bigonzettis Aterballetto in Reggio Emilia ersann er »Morphing Games« (1999), für Martin Puttkes »aalto ballett« in Essen »Endless Waltz« (2000). Spuck thematisiert menschliche Sehnsucht – fragt etwa in »Songs« (Stuttgart, 2001), ob erlebtes Glück oder das Streben nach Glück größere Erfüllung bringt.

Weil ich nicht mit dem Ball umgehen konnte, war ich als Kind nicht anerkannt. Beim Fußball musste ich immer ins Tor und bekam die Bälle an den Kopf. Am liebsten blieb ich deshalb im Haus und spielte mit meiner Zwillingsschwester Märchenrollen. Weil mein Vater eine Stelle als Oberarzt bekam, zogen wir von Marburg an der Lahn nach Kassel. Ich besuchte nun das Gymnasium, war frustriert, alles schien öde. Meine Eltern machten sich Sorgen und kauften mir eine Klarinette, auf der ich widerwillig eine halbe Stunde am Tag übte. Ich mochte keine Tonleitern und hasste die Hauskonzerte bei den Großeltern. Mutter versuchte auch, mich für Sport zu interessieren, meldete mich beim Rudern an, beim Judo (da ging ich gleich gar nicht hin) – und dann beim Jugend- und Aktionstheater in Kassel. Das war's. Unter diesen Leuten fühlte ich mich wohl und akzeptiert, und als ich für meine erste Rolle, den Egon in »Konrad oder das Kind aus der Konservenbüchse«, Applaus bekam, war ich glücklich.

Über eine Freundin aus dem Aktionstheater kam ich als Statist in Shakespeares »Sommernachtstraum« zum Staatstheater in Kassel und war fasziniert. Wir saßen in der Kantine bei diesen großen Schauspielern, halb erstarrt vor Ehrfurcht und voll der Sehnsucht nach einem solchen Leben. Alles in mir war im Aufbruch, ich sog auf, was ich kriegen konnte. Zu fünft schrieben wir ein Theaterstück über die Liebe, »Wenn das Zopfgummi pfeift«, das wir in der zum Theater umfunktionierten Rumpelkammer unseres Stammcafés aufführten. Wiederum eine Bekannte ermunterte mich zu meiner ersten Ballettstunde. Als die Lehrerin sagte, ich sei talentiert, nahm ich sofort regelmäßig Unterricht und genoss – anders als in der Schule – den Drill der Übungen.

Mit 17 bewarb ich mich an drei Ballettschulen in Köln, Essen und Frankfurt und wurde überall genommen. Begeistert rannte ich zu den Eltern, wollte sofort Tänzer werden und die langweilige Schule hinwerfen. Sie wischten meine Träume vom Tisch. Zuerst müsse ich die letzten zwei Schuljahre, Abitur und Zivildienst absolvieren. Ich schimpfte, dann sei ich für alle Zeiten zu alt, um Tänzer zu werden. Sie blieben stur, und heute bin ich ihnen dankbar. Ohne die Erfahrungen jener Jahre könnte ich nicht choreografieren. Die Grenzgänge der Seele, die ich im Zivildienst aus der Arbeit mit psychisch Kranken erlebte, öffneten mir Türen in neue Gedankenwelten. Besonders geprägt hat mich aber auch die Begegnung mit einer Lehrerin für Literatur, Philosophie und Deutsch in der Oberstufe. Sie unterrichtete mit einer Tiefe, die das Schulsystem sprengte, brachte uns Nietzsches Kritik am Bürgertum nahe und Kafkas Düsternis. Mein Referat über Kafka, für das ich mich vier Wochen lang in mein Zimmer einschloss, war so umfassend, dass sich der komplette Kurs abends traf, um die Arbeit durchzunehmen – drei mal drei Stunden. Keinem war das lästig: Wir fühlten uns als etwas Besonderes.

Eines Abends saß ich wieder einmal im Theater, in der Premiere eines Balletts von William Forsythe. Als der Vorhang fiel, war ich fassungslos. Alles, was sich in mir angesammelt hatte, Eindrücke aus Kunst, Literatur, Musik und Theater, war auf den Punkt gebracht. Ballett bei Forsythe war nicht Gigi und Tutu, er formte Ideen und Gedanken, weitete das Theater von der Kulisse zum Raum für Kunst. Nun gab es kein Halten mehr. Ich ging nach Stuttgart an die John-Cranko-Schule und ließ mich zum Tänzer ausbilden. Das war keine schöne Zeit – ich war 20, tanzte unter 16-Jährigen, die sich sehnten, den klassischen Romeo zu tanzen, und musste trotz meiner Klarinettenkenntnisse Tonleitern üben. Aber mir war klar, dass diese Ausbildung das Nadelöhr war, um endgültig in meine Welt zu gelangen, das Ballett.

Von meiner Choreografie »dos amores« 1999 waren erstmals alle rundum begeistert, Kritiker und Publikum. Ich hatte erreicht, was ich mir von Kindheit an gewünscht und im Aktionstheater erstmals gespürt hatte: Erfolg. Doch plötzlich war ich tieftraurig, weil ich spürte: Erfolg macht nicht glücklich, er fragt nach mehr. Das nagende Gefühl, es noch besser zu machen, zu vertiefen, neue Schrittfolgen zu konstruieren, Szenen wachsen zu lassen, lässt mich nicht los.

Aufgezeichnet von Marlis Prinzing

Klaus Doldinger,
60er Jahre

Klaus Doldinger, Jazzmusiker und Komponist
Das swingende Klassenzimmer

Klaus Doldinger, Jahrgang 1936, erspielte sich mit der Dixieland-Band Feetwarmers schon als Schüler Jazzpreise. Mit seiner Band gewann er 1960 eine Amerikatournee und kehrte als Ehrenbürger von New Orleans zurück. Er machte Tanz- und Beatmusik unter dem Pseudonym Paul Nero, Hard Bop mit dem Klaus Doldinger Quartett, elektrische Sounds mit Motherhood und spielte zahlreiche Platten ein, vor allem mit Passport. Die seit 1971 bestehende Band wurde mit ihrer Fusion aus Jazz, Rock, Blues und Soul seine erfolgreichste Formation. Als international anerkannter Botschafter deutscher Musik wurde ihm 1978 das Bundesverdienstkreuz verliehen. Doldinger komponierte auch für Film (»Das Boot«, 1981; »Die unendliche Geschichte«, 1984) und Fernsehen: Musiken zu Serien (»Faust«, »Die Kommissarin«, »Liebling Kreuzberg«) und Spielfilmen (»Salz auf unserer Haut«). Sein Eröffnungsriff zur Krimiserie »Tatort« ist längst zum Markenzeichen geworden.

Vier Tage nach Ende des Zweiten Weltkriegs wurde ich neun Jahre alt. Auf der Flucht vor den Russen waren wir von Wien ins bayerische Schrobenhausen gelangt. Enttäuscht von den Nationalsozialisten, erblickten wir Kinder in den amerikanischen Besatzungssoldaten unsere neuen Helden: Wir bewunderten ihre lässigen Jeeps, verdankten ihnen Weißbrot mit Butter und Orangenmarmelade. Und aus dem Dorfgasthaus drang plötzlich eine Musik, die anders war, als alles, was ich kannte: fetzig, rhythmisch – Jazz, gespielt von einer US-Combo, die dort probte. Ich fing Feuer, doch das wurde mir erst später bewusst. Im Herbst 1945 zogen wir nach Düsseldorf, wo mein Vater als Ingenieur neue Arbeit fand. Ich wiederholte die zweite Klasse, da ich gut ein Jahr lang keinen Unterricht mehr hatte, nachdem meine Schule in Wien ausgebombt worden war.

Mit zwölf meldete mich mein Vater am Robert-Schumann-Konservatorium in Düsseldorf an, weil ich mich an jedes Klavier setzte und stundenlang improvisierte. Wegen des geringen Andrangs nahmen sie mich, obwohl ich nur Hänschen klein spielen konnte – mit einem Finger. Zwei-, dreimal die Woche hatte ich nun Klavierunterricht; Harmonielehre und Kontrapunkt kamen hinzu. Doch eine Musik, die am Konservatorium verpönt war, zog mich immer stärker an: Jazz. Wann immer es ging, war ich im Hotclub an der Düsseldorfer Königsallee, wo ich – nun 15 Jahre alt – die neuesten Platten hörte. Ich lernte Musiker kennen, hörte im Radio Sydney Bechet Klarinette spielen und kürte dieses Instrument fortan zu meinem Liebling.

Als ich 17 war, gründeten wir unsere erste Band, die Feetwarmers. Ein Riesenspaß. Wir spielten Dixieland und waren hungrig auf Neues. Jazz, Blues, Kunst und die Vorliebe für die französischen Existenzialisten schweißte uns zur Künstler-

Community vieler Genres zusammen. Diese Kultur gab uns »jungen Wilden« Energie, gegen die Wände der zickigen Gesellschaft anzurennen, die sich nach dem Wiederaufbau in Wohlleben erging.

Bis 15 war ich oft Klassenbester und in Latein Vokabelkönig, weil ich alle unregelmäßigen Verben wusste. Doch was war Schule gegen eine Musik, die mich rund um die Uhr begeisterte! Oft schlich ich nachts aus dem Haus zum Clubkonzert mit den Feetwarmers. Vater war beruflich so eingespannt, dass er nichts bemerkte; Mutter sah drüber hinweg. Kurz vor dem Abitur zogen die Lehrer einen Schlussstrich und ließen mich nicht zur Prüfung zu. Wer sich nachts in Räucherhöhlen herumtreibe, habe nicht die nötige Reife für das Abitur, fanden sie. Solches Verhalten schade der Schuldisziplin, mein Lebensstil war ihnen verdächtig: Ich begeisterte mich für Mädchen, rauchte, sprach dem Alkohol kräftig zu und fuhr mit einer Lambretta vor, die ich mir von dem Geld gekauft hatte, das ich beim Jazzen verdiente. Die Lehrer setzten mich so unter Druck, dass ich durchknallte und in Mathematik und Erdkunde nur noch auf einer »Fünf« stand.

Letztlich war mir das egal; dann würde ich eben sofort Musiker werden, dachte ich – doch meine Eltern ließen nicht mit sich reden. Ich musste die 13. Klasse wiederholen und das Abitur machen. Danach schloss ich mich Profibands an, weil Learning by Doing im Jazz am effektivsten ist. Einige Monate spielte ich bei Pianist Roland Kovac. Er rief mich »Burschi«, weil ich mindestens zehn Jahre jünger war als die anderen Musiker seiner Band. Doch ich konnte mich behaupten und lernte viel. Es war ein Hardcore-Leben: bis vier Uhr früh spielen, weitertrinken, um acht Uhr ins Bett, schlafen bis zum Nachmittag. Das wurde zu viel, weil es ein Dauerzustand war und weil mir über die Musik hinausreichende

Interessen fehlten. Nach einem Jahr stieg ich aus; Vater sollte nicht Recht behalten mit seiner Befürchtung, als Musiker würde ich im Tingeltangel versinken. 1958 schrieb ich mich in Düsseldorf für Musikwissenschaften ein und absolvierte am Konservatorium parallel ein Tonmeisterstudium, 1963 war ich examiniert. Meine Eltern waren froh, dass ich überhaupt studierte; ihren Wunsch, ich würde Beamter oder Ingenieur werden, hatten sie längst beiseite gelegt. Ich werde jetzt 65 und kann mir nicht vorstellen, mich zur Ruhe zu setzen: Musik bleibt für mich eine Herzensangelegenheit; es gibt immer wieder Neues zu entdecken.

Aufgezeichnet von Marlis Prinzing

Daniel
Goeudevert, 1992

Daniel Goeudevert, Manager, Philosoph und Autor
»Plötzlich war ich wieder zwölf«

Daniel Goeudevert, Jahrgang 1942, arbeitete als Lehrer und Autoverkäufer, bevor er seine Karriere als Manager startete. Der im französischen Reims geborene Sohn eines Landgendarmen war Vorstandsmitglied bei Citroën Deutschland, Generaldirektor bei Renault Deutschland, Vorstandsvorsitzender der deutschen Ford-Werke und Mitglied im VW-Vorstand, den er 1993 verließ. Goeudevert galt immer als Paradiesvogel der Branche oder als »Vogel im Aquarium« – wie er seine 1998 erschienene Biografie überschrieb. Goeudevert hält Vorträge und widmet sich unter anderem seinem langjährigen Projekt, dem Aufbau einer privaten Managerschule. Mit Bildungspolitik beschäftigt sich auch sein 2001 erschienenes Buch »Der Horizont hat Flügel. Über die Zukunft der Bildung«.

Gleich mein erster Lehrer an der Grundschule in Reims hat mich beeindruckt. Bei dem ging es noch nach der alten Methode zu: Wer die Antwort nicht wusste, bekam mit einer Eisenstange Schläge auf die Fingerspitzen. Das tat ziemlich weh. Im Gymnasium blieb ich in der Sexta sitzen – wegen Deutsch. Aber dann bekam ich einen Deutschlehrer, der mir die Liebe zur Sprache beigebracht hat. Dieser Lehrer war keiner von denen, die nur über Grammatik und Syntax und solche Dinge reden. Sondern einer, der für die Dichter, für die Texte wirklich schwärmen konnte. Er hat die Unterrichtsstunden in einer euphorischen Atmosphäre geführt, so wie Robin Williams in dem Film »Der Club der toten Dichter«. Wenn da am Schluss die Guten auf die Tische steigen, als Williams geht, muss ich jedes Mal weinen. Dieser Lehrer vermittelte uns, was heute wohl immer schwieriger wird: die Lust zu lernen. Er war einfach ein guter Lehrer, ein guter Pädagoge. Dabei muss man in Frankreich gar nicht Pädagogik studieren, um Lehrer zu werden. Die Franzosen haben verstanden, dass man das nicht studieren kann. Entweder man ist ein guter Pädagoge, oder man ist es nicht. Alle diese studierten Pädagogen in Deutschland – das hat mich immer skeptisch gemacht.

Deutschland, wie es lebt und wie es ist, habe ich in der Tertia kennen gelernt bei einem Schüleraustausch mit Dortmund. Das war der Ursprung meiner Liebe zur deutschen Kultur und auch mein Erwachen, was Mädchen angeht, durch ein unglaubliches, wunderbares Mädchen, das heute meine Frau ist. Gleichzeitig erlebte ich etwas, das für Frankreich völlig außerirdisch war: die Halbzeitschule. Anfangen um acht Uhr früh und abends um acht Uhr zu Hause – das war bislang für mich Schule. Und nun komme ich nach Deutschland und: Alles fertig um eins! Für mich ein Wunder. Und noch etwas. Es gab riesig viel Zeit für den Sport. Damals hatte ich den Eindruck: Die Deutschen sind am Morgen intellektuell und am Nachmittag Sportler. Und nix wird mit nix verwechselt. Nun will man endlich auch in Deutschland Ganztagsschulen einrichten – nach meiner Ansicht natürlich überfällig.

Studiert habe ich dann an der Sorbonne in Paris, Philosophie und Literaturwissenschaft. Gleichzeitig unterrichtete ich an einem Pariser Gymnasium als Oberstudienrat – wie man hier sagt. Ich war fünf Jahre Lehrer, aber kein guter. Ich war viel zu jung, zu unerfahren und mit mir selbst nicht im Reinen. In Frankreich darf man bereits mit 19, 20 Jahren unterrichten – das ist das Problem. Ich war kein guter Lehrer, weil ich noch nicht kapiert hatte, dass auch der Lehrer zuhören muss. Ich war so voll von meiner Unterrichtsvorbereitung, dass ich die Stunden nur so rausgespuckt habe, egal, ob das ankam oder nicht. Ich sprach darüber mit einem Freund, einem Priester, und der fragte mich schließlich: »Bist du sicher, dass die Kinder auch merken, dass du sie magst?« An diesen Satz muss ich immer noch denken, weil er bedeutet: Man muss ein Gefühl nicht nur empfinden, sondern es auch ausdrücken können. Wissen so zu vermitteln, dass es fest in den Herzen der anderen bleibt, geht nur über die Vermittlung von Gefühlen. Aber anders als heute, wo die Menschen ihr Innerstes in diesen Talkshows zur Schau tragen, war der Ausdruck von Gefühlen damals eine heikle Sache. Ein Mann, der weint – undenkbar. Hass allerdings ist ein Gefühl, das ich nicht kenne. Ich kann nicht hassen, auch meine Lehrer nicht, selbst den mit der Eisenstange nicht. Ich kann mich an den Schmerz gar nicht mehr erinnern.

Ich erinnere mich hauptsächlich an die guten Lehrer, beispielsweise auch an meinen Mathematiklehrer – ein Verrückter und ein Künstler der Mathematikpädagogik zugleich. Ich bin wahrlich kein Meister der Mathematik. Aber bei diesem Lehrer habe ich endlich etwas kapiert, und davon profitiere ich bis heute.

Ich bereite mich mit beinahe 60 Jahren gerade auf das Examen für den Motorbootschein vor – das ist ziemlich kompliziert. Aber ich merke jetzt, dass ich die Algebraformeln spielend beherrsche. Auch die Geometrie. Das hat sogar meinen Lehrer und meine vier Mitschüler neulich beeindruckt. Die Frage war: »Kennt einer die Summe der drei Winkel eines Dreiecks?« Ich wusste sofort: 180. Die anderen haben neidisch gefragt: Haben Sie das gestern gelesen? Oh, das tat sehr gut – ich war plötzlich wieder zwölf, ich habe mich so gefreut.

Aufgezeichnet von Sabine Etzold

Gottfried John, 2000

Gottfried John, Schauspieler
Lebensrettender Schiffbruch

Gottfried John, Jahrgang 1942, lässt sich auf keine Rolle festlegen. Er überzeugt als Bösewicht (etwa im Bond-Thriller »Goldeneye«, 1995) genauso wie als Gutmensch (etwa in Volker Schlöndorffs »Der Unhold«, 1996). Großes Lob erhielt er auch für seine Rolle als Caesar in der komödiantischen Verfilmung von »Asterix & Obelix« (1998). Bekannt gemacht hat ihn die Arbeit mit den Theaterregisseuren Joachim Fontheim und Hans Neuenfels und mit Filmemacher Rainer Werner Fassbinder (unter anderen »Acht Stunden sind kein Tag«, »Die Ehe der Maria Braun«). Kindheit und Jugend des international gefragten Schauspielers waren so außergewöhnlich, dass er ihnen mit 58 Jahren 462 Buchseiten widmete: »Bekenntnisse eines Unerzogenen«.

Mit 17 Jahren hauste ich allein in der Kajüte eines Boots auf der Seine und schrieb einen autobiografischen Roman. Schrieb wie ein Besessener. Seite für Seite zog ich Bilanz über mein Leben, das mir zu dieser Zeit vorkam wie ein gestauter Fluss, der überzulaufen drohte. Ich war gerade aus einem Heim für Schwererziehbare getürmt und mit meiner Mutter nach Paris geflohen. Wir waren auf der Flucht vor Polizei und Jugendamt, die mich wieder unter ihre Aufsicht stellen wollten. Der stillgelegte Kahn am Quai d'Orsay gehörte einem Maler-Freund meiner Mutter. Mutter war eine Art Hippie, seit meiner Geburt führte sie ein Vagabundenleben ohne festen Wohnsitz und geregelte Arbeit. Sie schöpfte Kraft daraus, von einem Tag auf den anderen zu leben, ich litt zunehmend darunter. Vor meiner Geburt arbeitete meine Mutter als Fremdsprachenkorrespondentin. Für sie und ihren Chef, erzählte sie, war ich ein Wunschkind. Er war Ingenieur und leitete eine Berliner Mineralölgesellschaft. Er erkannte mich offiziell als seinen Sohn an, ließ uns aber sitzen, weil Mutter mich katholisch taufen ließ, während ihm die religionsfreie, staatliche Erziehung zum Muster-Nazi vorschwebte. Mutter war ein gefallenes Mädchen, 1942 galt ihre Situation als Schande. Sie riss alle Brücken ein, bekämpfte fortan das Spießertum, womit sie jede Form geregelten Lebens meinte, und folgte nur noch ihrer Berufung: Sie sah sich als Künstlerin.

An meine Kindheit erinnere ich mich nur bruchstückhaft – an bigotte Nonnen, an Heimerzieher, die Prügelpädagogik betrieben, und die Jungs im Heim, bei denen das Recht des Stärksten und Gemeinsten zählte. Im Heim wurde ich glücklicher Außenseiter einer traurigen Gemeinschaft, weil ich als Einziger Besuch bekam – von meiner Mutter. Oft versuchte ich auszubüxen. Manchmal misslang es, manchmal gelang es.

Dann zog ich an Mutters Seite durch die Lande. Ich fühlte mich von ihr geliebt, blieb aber dennoch einsam. Zur Schule ging ich nur zeitweise oder wenn ich im Heim lebte, schaffte aber mit zehn sogar die Aufnahmeprüfung ins Gymnasium. Wirklich gelernt habe ich durchs Leben. Doch das kostete Kraft, und die gewann ich mit 17 über die Schreiberei auf der Seine zurück. Als das Romanmanuskript fast fertig war, sank der Kahn und mit ihm die beschriebenen Seiten. Ich blieb unverletzt und begriff: Weiterleben war wichtiger, als in der Vergangenheit zu versinken. Alles ist, wie es sein soll. Das sehe ich bis heute so und mache keine Pläne. Ich will wach bleiben, will den Wert von Situationen erkennen, sie nutzen, wenn sie mir zufallen. Ich verdanke meiner Mutter, dass ich loslassen kann und keinen Ort für Heimat brauche. Was mich früher anstrengte, bedeutet mir heute Freiheit. Nach dem Untergang des Boots wurde ich Pflastermaler, verdiente verhältnismäßig gut und las viel. Kafka, Kleist, Jerry Cotton, Jack London und Euripides wurden meine Gesprächspartner.

Meine Bewerbung am Max-Reinhardt-Seminar in Berlin war ein Schritt in die Gesellschaft und in die Unabhängigkeit von meiner Mutter. Sie half mir bei der Vorbereitung für die Aufnahmeprüfung, doch wir waren schlecht informiert. Statt die Szenen aus »Hamlet« und der »Katze auf dem heißen Blechdach« zu Monologen zusammen zu streichen, spielte ich meinen Part und wartete darauf, dass einer der Prüfer den Gegentext liest. Doch das passierte nicht. Der Zettel mit der Absage blieb jahrelang bei mir an der Wand hängen: Eine Trotzreaktion gegen die, die mir sagen wollten, was geht und was nicht. Aus der Zeitung erfuhr ich von der privaten Schauspielschule einer ehemaligen Lehrerin am Reinhardt-Seminar, Marlise Ludwig, die auch Klaus Kinski und Horst Buchholz unterrichtet hatte. Sie riet mir: »Haare aus der Stirn, Stimme höher, Nase operieren, das Fach jugendlicher Held ist gerade gefragt.« Ich wollte mich aber dem »gerade Gefragten« nicht anpassen und entschied mich gegen die Wiederholung der Prüfung am Seminar und für den Unterricht bei ihr. Eine meiner Stärken war, dass ich im Umgang mit den Klassikern völlig frei war – nicht verbildet durch die Schule.

Den Durchbruch schaffte ich mit 24, als ich für den erkrankten Hauptdarsteller in Richard III. einspringen durfte, den Joachim Fontheim an den Vereinigten Bühnen Krefeld-Mönchengladbach inszenierte, wo ich unter Vertrag war. Mutter nannte mich einen Kunst-Spießer. Feste Engagements anzunehmen – das war für sie Beamtenmentalität. Erst viel später erkannte ich, dass sie damals eifersüchtig war. Schauspielerin werden – das war ihr großer Traum, und ich hatte ihn mir erfüllt.

Aufgezeichnet von Marlis Prinzing

Heinz Berggruen,
1998

Heinz Berggruen, Kunstsammler und Kunsthändler
Wunsch nach Ausdruck

Heinz Berggruen, Jahrgang 1914, ist Journalist, Galerist, Mäzen und einer der bedeutendsten Kunstsammler der Welt. Der Sohn eines deutsch-jüdischen Schreibwarenhändlers verließ 1936 mit 22 Jahren das nationalsozialistische Deutschland und zog zunächst in die USA. In Paris eröffnete er 1947 seine erste Galerie; er war befreundet mit Pablo Picasso und Henri Matisse. Nach sechs Jahrzehnten Exil kehrte er 1996 zurück in seine Heimatstadt Berlin – mit mehr als hundert Meisterwerken. Ausgestellt sind sie gegenüber von Schloss Charlottenburg im Stülerbau, in dem Berggruen auch lebt. 2000 hat die Stiftung Preußischer Kulturbesitz die um Picasso und seine Zeit gruppierten Teile der Sammlung Berggruen, finanziert durch die Bundesrepublik Deutschland und das Land Berlin, gekauft – für einen im Vergleich zum Marktwert eher symbolischen Preis.

Was Kunst angeht, sah es bei uns zu Hause ziemlich trostlos aus. Den banalen Landschaftsbildern, den Blumenstillleben habe ich nie besondere Beachtung geschenkt. In unserer Wohnung diente Kunst nur als Dekoration. Sie gehörte einfach zu einer bürgerlichen Familie konventionellen Zuschnitts, genauso wie die falschen französischen Möbel, der Besuch in der Oper oder das Theater-Abo. Ins Museum gingen wir nie. Unser Schreibwarengeschäft in der Konstanzer Straße muss gut gelaufen sein, denn meine Eltern konnten sich den Luxus eines Automobils leisten. Ab und zu half ich im Geschäft mit. Bei uns kauften viele Ausländer ein, vor allem Japaner und Perser, die in Berlin studierten. Ich war sehr neugierig auf diese Menschen und auf ihr Verhalten. Diese Neugierde hat mich später auch in andere Länder getrieben. Dass ich das Geschäft meiner Eltern übernehmen sollte, war nie geplant. Sie merkten schon bald: Der Junge hat seltsamerweise literarische Ambitionen.

Meine ersten schriftstellerischen Gehversuche unternahm ich mit ungefähr 14 Jahren. Der damals sehr bedeutende Ullstein-Verlag veröffentlichte meine Geschichten in seiner Kinderzeitschrift »Der heitere Fridolin«. Ich bekam dafür jeweils zwölf Mark, worauf ich sehr stolz war. Wie es sich für eine bürgerliche Familie gehörte, hatten wir auch eine Zeitung abonniert, das »Berliner Tageblatt«. Schon sehr früh, als 16-Jähriger, begann ich darin zu lesen. Der größte Genuss war das Feuilleton. Natürlich begeisterte ich mich für Alfred Kerr, den großen Theaterkritiker. Noch mehr jedoch bewunderte ich Fred Hildenbrandt, der das Feuilleton leitete. Er pflegte einen leichten, ironischen Stil, wie man ihn später bei Alfred Polgar wunderbar wiederfinden konnte. Mein Traum: Ich wollte ein Hildenbrandt werden.

Der Deutschunterricht am Goethe-Gymnasium in Wilmersdorf hat ganz sicher nicht dazu beigetragen, dass ich mich für Literatur begeisterte. Ich kann mich nicht einmal mehr an meinen Deutschlehrer erinnern – er muss also eine eher blasse Erscheinung gewesen sein. Was mich als junger Mensch antrieb, war einfach der Wunsch, etwas auszudrücken. Als ich 1996 nach Berlin zurückkehrte, erwachte dieser Trieb wieder in mir. Dabei bin ich mit meiner jetzigen Tätigkeit im Museum ausreichend beschäftigt.

Großes Vergnügen bereitet es mir immer, wenn Schulklassen zu uns in den Stülerbau kommen. Zu meiner Zeit gab es Kunst noch nicht als Schulfach. Unser Direktor hatte jedoch Kunstgeschichte studiert – und ging mir ziemlich auf die Nerven. Er traktierte uns mit Diskursen über einen Maler, den er unheimlich schätzte: den Schweizer Arnold Böcklin, dessen Todestag sich im Januar 2001 zum hundertsten Mal jährte. Ich konnte mit Böcklins Bildern nichts anfangen, und daran hat sich bis heute nichts geändert. Die verschwommene Spätromantik der »Toteninseln«, die ganze Atmosphäre, die seine Kunst vermittelte, stieß mich ab. Mein späteres Kunstverständnis war auch eine Reaktion auf Arnold Böcklin.

Nach dem Abitur ging ich nach Frankreich, weil mich das Land faszinierte. In Toulouse studierte ich französische Literatur, um mich der Sprache anzunähern; und Kunstgeschichte, weil ich auch das für einen guten Weg hielt. Nach dem Examen kehrte ich zurück nach Berlin und schrieb für die »Frankfurter Zeitung«. Meine Beiträge durfte ich jedoch nur mit h. b. zeichnen – weil ich Jude war. Dabei hatte die Religion bei uns zu Hause nie eine Rolle gespielt. Meine Eltern gingen nur zweimal im Jahr in die Synagoge: am Neujahrsfest und zu Jom Kippur – und das auch nur, um innerhalb der jüdischen Gemeinde keinen Anstoß zu erregen. Allmählich wurde mir die politische Situation bewusst. Ich merkte, dass mir beruflich viele Wege versperrt waren. Eine Zukunft gab es für mich in Deutschland nicht. 1936 wanderte ich mit einem Berkeley-Stipendium nach Amerika aus.

Obwohl mein Englisch alles andere als perfekt war, arbeitete ich weiter als Journalist, wurde sogar Redaktionsmitglied des »San Francisco Chronicle«. Ich schrieb vor allem über Kunst. Nach einem Jahr bot mir das San Francisco Museum of Art eine interessante Stelle an. Hier sah ich zum ersten Mal Bilder von Paul Klee, von dem ich bis dahin nur wenig gehört hatte. Klee zog mich sofort in seinen Bann. Das erste Bild, das ich selbst erwarb, war auch ein Klee: »Perspectiv-Spuk«. Es wurde mir 1939 auf meiner Hochzeitsreise für 100 Dollar angeboten. Klee war der erste Maler, dessen Gesamtwerk mich intensiv beschäftigte. Er hatte großen Einfluss auf meine weitere Entwicklung. So bin ich zwar kein Hildenbrandt geworden, aber ein, wie ich glaube, recht erfolgreicher Kunsthändler. Ich bedaure sehr, dass ich Paul Klee nie persönlich kennen gelernt habe.

Aufgezeichnet von Alexander Kühn

Elisabeth
Noelle-Neumann,
1998

Elisabeth Noelle-Neumann, Meinungsforscherin
Die Welt als Hörsaal

Elisabeth Noelle-Neumann, Jahrgang 1916, wird die »Mutter der Demoskopie« genannt. Als Austauschstudentin in Missouri lernte sie 1937 die Demoskopie erstmals kennen und machte sie zu ihrem Promotionsthema. 1940 schloss sie die Arbeit ab und wurde Redakteurin der von Goebbels kontrollierten Wochenzeitung »Das Reich«. Zwei Jahre später wurde sie auf Weisung des Propagandaministers entlassen und kam bei der »Frankfurter Zeitung« unter. 1947 gründete sie das erste deutsche Meinungsforschungsinstitut, das Institut für Demoskopie Allensbach, das sie seither leitet. Von 1961 bis 1964 lehrte sie Publizistik an der Freien Universität Berlin. 1964 wurde sie als ordentliche Professorin an die Universität Mainz berufen und baute dort das Institut für Publizistik auf, dessen Direktorin sie bis 1983 war. 1980 veröffentlichte sie ihr erfolgreichstes Buch »Die Schweigespirale. Öffentliche Meinung – unsere soziale Haut«.

Von Geburt an in schwacher körperlicher Verfassung und ständig krank, überstand ich meine Kindheit nur, weil ich durchhalten, aushalten und nach vorne blicken lernte. Mit neun Jahren lagen neun Operationen – Blinddarm, Leistenbruch, Nabelbruch – und ein paar Kuraufenthalte hinter mir; allmählich wurde meine Gesundheit stabiler. Mit zehn begann ich zu schreiben, zunächst Gedichte, und hatte eines Tages plötzlich Gewissheit: Ich werde Journalistin. Es gab nichts, was mich bewogen hätte, es war einfach so. Sachverhalte zu erörtern, lernte ich von meinem Vater. Zwar war er ein viel beschäftigter Industrieller, doch zweimal pro Woche nahm er sich zwei Stunden Zeit für mich. Er legte sich auf den Diwan in seinem Herrenzimmer und rauchte eine Havanna; ich – damals 13, 14 Jahre alt – saß auf einer Sitzrolle am Sofaende. Wir unterhielten uns über alles Mögliche, über Sokrates genauso wie über die aktuelle Politik. Als Jurist ein guter Diskutierer, manövrierte mein Vater mich bis zum Ende des Gesprächs stets mit Argumenten aus. Doch das letzte Wort behielt ich: »Aber trotzdem«, sagte ich und verließ sein Zimmer.

Schon als Gymnasiastin setzte ich mich in Berlin in die Vorlesungen des Zeitungswissenschaftlers Emil Dovifat. Als ich ihn zufällig im Bus zwischen Zoo und Zehlendorf sah, sprach ich ihn an und erklärte, bei ihm würde ich studieren und promovieren. Mit 15 wollte ich dann doch lieber ein Volontariat beginnen. Mein Vater vermittelte mir einen Termin bei dem Verleger Heinz Ullstein. Ich legte ihm eine Kurzgeschichte vor, er las sie und meinte: »Sie werden eine sehr gute Journalistin. Aber vorher machen Sie Ihr Abitur.« Zu jener Zeit verloren meine Eltern die Geduld mit mir und meinem Lebensstil. Seit ich 13 war, zog ich durch die Berliner Bars; ich liebte den Jazz und das Tanzen. Mit 15 verabredete ich mich unter dem Vorwand, meine Freundin zu besuchen, mit einem vier Jahre älteren Jungen zum Segeln auf dem Wannsee. Wir gerieten in eine Flaute, und ich kehrte erst nachts um zwei Uhr nach Hause zurück. Meine Eltern waren in höchster Sorge und wussten bereits von meiner Lüge. »Wir kommen mit dir nicht zurecht«, eröffnete mir mein Vater – und schickte mich auf die Privatschule von Kurt Hahn ins Schloss Salem am Bodensee.

An einem nebligen Morgen im Januar kam ich mit dem Zug in Friedrichshafen an, ging runter an den Bodensee, da überkam mich die Gewissheit: Hier werde ich später leben. Wenige Monate später ging ein großer Teil der Schüler von Salem ab. Die Nationalsozialisten waren an die Macht gekommen. Etwa die Hälfte der Schüler war jüdischer Abstammung. Mein Vater meldete mich an einem Gymnasium in Göttingen an; ich zog allein in eine Studentenbude und konnte tun und lassen, was ich wollte. Nach dem Abitur 1935 ging ich zu Dovifat an die Friedrich-Wilhelm-Universität in Berlin. Noch bevor ich die erste Vorlesung besucht hatte, marschierte ich ins Akademische Auslandsamt. Ich wollte weg und die Welt sehen. Drei Semester später, mit 20, landete ich mit einem Stipendium in Missouri. Ich verdiente mir etwas dazu, gab Sprach- und Tennisunterricht und besuchte im Auftrag eines badischen Papierherstellers Kunden in Fernost, was die Firma wegen knapper Devisen selbst nicht mehr konnte. Ich lieferte Reiseberichte ab und erhielt das Honorar in bar vor Ort. So kam ich nach Japan, China, Ceylon – und hatte am Ende der Reise mehr Geld in der Tasche als bei der Abfahrt.

Als ich nach Deutschland zurückkehrte und der Krieg ausbrach, wollte ich in keinem Hörsaal mehr sitzen und bat den Chefredakteur der »Deutschen Allgemeinen Zeitung« in Berlin um ein Volontariat. »Ihr Platz bei uns ist Ihnen sicher«, versprach Karl Silex, »aber erst promovieren Sie«. Widerstrebend zog ich mich ins Elternhaus zurück und schrieb über Meinungsforschung. In den USA hatte ich die Methoden des amerikanischen Demoskopen George Gallup kennen gelernt, hierzulande war das Thema damals ganz neu. Nun lenkte mich nichts mehr ab. Ich ließ mir keine Zeit für den Friseurbesuch und kaum fürs Essen. Nach vier Monaten war die Doktorarbeit fertig. Nun standen in allen drei Studienfächern – Geschichte, Zeitungswissenschaft und Amerikakunde – Prüfungen an. Mein Problem: Ich war seit 1935 eingeschrieben, in Berlin, Königsberg, München und Missouri, hatte aber kaum vier Semester wirklich studiert. Meist war ich auf Reisen. Am wenigsten wusste ich in Geschichte. Kurz entschlossen griff ich zu meinen vier Geschichtsbüchern aus der Schule, arbeitete sie Satz für Satz durch und bestand die Prüfung mit »magna cum laude«. Der Arbeitsstil, den ich bis heute pflege, half mir: Ich mache nichts flüchtig. Verstehe ich in einem Text eine Zeile nicht, lese ich erst weiter, wenn ich sie begriffen habe.

Aufgezeichnet von Marlis Prinzing

Hildegard Hamm-Brücher, 1943

Hildegard Hamm-Brücher, FDP-Politikerin
»Es lohnt sich zu kämpfen«

Hildegard Hamm-Brücher, Jahrgang 1921, ist seit über 50 Jahren FDP-Mitglied. Die Vorzeige-Liberale und »loyale Dissidentin« (»Die Zeit«) studierte Chemie und stand der Widerstandsgruppe Weiße Rose nahe. Später arbeitete sie als Journalistin, und Theodor Heuss, der erste Bundespräsident, überzeugte sie, in die Politik zu gehen. Sie machte sich vor allem als kämpferische liberale Bildungspolitikerin einen Namen, saß für die FDP im Bayerischen Landtag und bis 1990 im Bundestag. Mit einer spektakulären Bundestagsrede setzte sie sich 1982 für den Verbleib der FDP in der Regierungskoalition mit der SPD unter Helmut Schmidt ein. 1991 zog sich Hamm-Brücher aus der aktiven Politik zurück. 1998 trat sie aus der bayerischen FDP aus, einen Tag nachdem sich die Münchner Liberalen für eine Koalition mit der CSU ausgesprochen hatten. Seither hat sie bei der FDP einen Mitgliedsstatus, wie er für Auslandsliberale vorgesehen ist.

Die Schule war eine einzige Paukerei von Fakten, Zahlen und wieder Zahlen. Schluss war immer genau an dem Punkt, an dem es interessant zu werden drohte – schrecklich. Ich flüchtete in eine Art Traumwelt, stöberte im Bücherschrank meiner Dresdner Großmutter, bei der meine Brüder und ich seit dem frühen Tod der Eltern lebten. Alles, was mit Geschichte zu tun hatte, faszinierte mich. Besonders Königin Luise von Preußen, die so tapfer war in ihrem Widerstand gegen Napoleon.

Als meine Großmutter der Erziehung von drei lebhaften Kindern nicht mehr gewachsen war, wurde ich nach Salem geschickt. Dieses Jahr im Internat war das erste glückliche nach dem Tod meiner Eltern. Wir wurden ermutigt, uns eigene Gedanken zu machen. Hinzu kam der Ehrenkodex: Man schrieb nicht ab, trug Verantwortung für sich und die Gemeinschaft. Ich war todunglücklich, dass ich als Halbjüdin nicht bleiben durfte. Doch meine Selbstständigkeit war erwacht. Ich wollte Abitur machen, trotz allem, und das in der Nähe von Salem. Also zog ich mit einer Freundin bei einer Wirtin ein und besuchte das Konstanzer Mädchengymnasium. Ich habe mich oft gefragt, warum ich überhaupt weiter zur Schule gehen durfte. In meiner Schulakte, die ich später einsehen konnte, taucht mehrfach ein Herr Kraft aus dem Oberschulamt auf, er hat wohl die Hand über mich gehalten. Irgendwie hatte ich das ganze Dritte Reich über Glück im Unglück.

Nach dem Abitur im Februar 1939 wollte ich studieren, am liebsten Geschichte. Das konnte ich natürlich vergessen. Freunde meiner Eltern boten mir an, mich nach Genf zu holen. Doch der Krieg stand bevor, meine jüngeren Geschwister im Stich zu lassen kam nicht infrage. Mein Vormund riet mir, mich für den Arbeitsdienst zu melden. Er sagte: Wenn du einen Studienplatz willst, musst du da vorher hin. Und ich hatte wieder Glück. Im Herbst stand ich mit 600 Mädchen beim Appell, und die Führerin verkündete: Wer Medizin oder Chemie studieren will, vortreten! Ich hatte keine Ahnung, was kommt, doch ich trat vor, und 48 Stunden später war ich zum Chemiestudium nach München entlassen – ich, die nicht im Traum daran gedacht hatte, Naturwissenschaften zu studieren. Ich hoffte einfach auf bessere Zeiten und dass ich dann würde wechseln können. Doch der Krieg dauerte, und ich stieß zu einem Kreis von kritischen Studenten, die über Gott und die Welt diskutierten. Wir gingen zusammen zum Bach-Chor, in Konzerte oder Vorlesungen. Von den Antinaziflugblättern, die in den engsten Zirkeln entstanden, habe ich allerdings wie die meisten nichts gewusst. Einmal fand ich welche im Labor. Ich erschrak, denn um mich herum passten sie längst auf, was mein freches Mundwerk so sagte. Und was mache ich? Ich gehe aufs Klo, zerreiße die Flugblätter und spüle sie runter. Ich war feige. Schlicht feige. Dann beging meine jüdische Großmutter Selbstmord, um der Deportation zu entgehen – und die Weiße Rose flog auf. Voller Zorn dachte ich: Du kannst dich nicht mehr ducken. Zum Glück begegnete ich einem jungen Theologen von der Bekennenden Kirche, der spürte, was mit mir los war. Er überzeugte mich, dass sich jetzt nicht alle opfern dürfen, sondern dass welche überleben müssen, um nach dem Krieg im Sinne der Widerstandskämpfer weiterzumachen.

Ich überlebte, und noch kurz vor Kriegsende schloss ich meine Promotion ab. Doch die Sieger verboten die Forschung, und ich hatte nur eine halbe Assistentenstelle für 175 Reichsmark im Monat – aber zwei Geschwister ohne Ausbildung. Wir überlegten uns: Was könnte die Hildegard sonst noch? Irgendwer sagte: Du hast immer so gute Aufsätze geschrieben. Also bewarb ich mich bei der gerade gegründeten

»Neuen Zeitung«. Mein erster Auftrag war ein Artikel über den jüdischen Chemie-Nobelpreisträger Fritz Haber, ich lieferte eine halbe Doktorarbeit ab. Als der Artikel erschien, war daraus ein Zweispalter geworden, ich erkannte keinen Satz wieder. Aber mein Name stand drüber. Später haben sie mich als Wissenschaftsredakteurin angestellt, mein Chef war Erich Kästner – der Schwarm meiner Kindertage. Anfangs hatte ich unheimlichen Respekt vor dem kleinen Mann mit den großen Augenbrauen; er und die anderen haben furchtbar in meinen Texten herumgestrichen. Auf diese Weise habe ich das journalistische Handwerk von der Pike auf gelernt. Und noch etwas ganz Wichtiges lehrten mich die Redaktionskonferenzen: dass man engagiert diskutieren, miteinander streiten kann. Das war völlig neu für mich.

Als ich später mit Stipendium in Harvard studieren durfte und in einer Studenteninitiative mithalf, den korrupten Bürgermeister von Boston zu stürzen, war ich überzeugt: Für die Demokratie lohnt es sich zu kämpfen. Und damit fingen meine politischen Lehrjahre erst an – und sind eigentlich noch nicht vorbei. Sicher war ich später manchmal zu dickköpfig. Doch ich wusste: Noch einmal werde ich mich nicht ducken. Das war und ist meine Verpflichtung gegenüber denen, die nicht so viel Glück hatten wie ich.

Aufgezeichnet von Jan-Martin Wiarda

Felix Huby,
1953

Felix Huby, Drehbuchautor und Schriftsteller
Geschichten ohne Ende

Eberhard Hungerbühler alias Felix Huby, Jahrgang 1938, prägt seit Jahrzehnten die deutsche Fernsehlandschaft und avancierte zu einem der erfolgreichsten Drehbuchautoren des Landes. Aus seiner Feder stammen Serien wie »O Gott, Herr Pfarrer«, »Oppen und Ehrlich« oder »Ein Bayer auf Rügen«. Hinzu kommen zahlreiche »Tatort«-Folgen. Huby erfand den Kommissar Bienzle und hob den von Götz George so unnachahmlich ruppig-charmant verkörperten Schimanski mit aus der Taufe. Seinen Berufsweg startete der Sohn eines Hauptschulrektors als Volontär und Reporter bei der »Schwäbischen Donauzeitung« in Ulm. Von 1972 bis 1979 leitete er das Stuttgarter Büro des Nachrichtenmagazins »Der Spiegel«.

Ich komme aus einer Familie von Geschichtenerzählern. Abends um sechs Uhr haben wir uns alle im Haus versammelt: meine Eltern, wir drei Geschwister, oft waren noch Freunde da. Jeder musste erzählen, was ihm den Tag über passiert ist. Natürlich hat nicht jeder jeden Tag etwas Spannendes erlebt, die Geschichten waren also meist mehr erfunden als wahr oder so ausgeschmückt, dass es sich lohnte, zuzuhören. So bin ich in Übung gekommen. Als ich beim CVJM Jugendarbeit machte, fing ich an, Fortsetzungsgeschichten zu erzählen. Meistens Abenteuer im Stil von Robin Hood. Ich wusste zu Beginn immer selbst nicht, was ich erzählen würde, ich hatte nur eine Ahnung von den Figuren und habe mich dann von der eigenen Geschichte fortreißen lassen. So schreibe ich heute noch: Ich habe den Anfang, die Figuren, dann entwickelt sich die Geschichte, nimmt mich mit, ich gerate in eine Art Trance und schreibe, was die Figuren tun.

Kurz vor Kriegsende kam ich in Dettenhausen bei Tübingen in die Volksschule. Ich war dort bald einem Lehrer ausgeliefert, der glaubte, er müsse Rache nehmen an der »Nazibrut«, wie er sich ausdrückte. Mein Vater war stellvertretender Ortsgruppenleiter gewesen. Ich war damals sieben Jahre alt und hatte Todesängste. Dieser Lehrer prügelte mich so, dass ich die Schule nie wieder betreten wollte. Aber meine Mutter war streng und schickte mich wieder hin. Da bin ich abgehauen und habe mich für ein paar Tage und Nächte im Wald versteckt. Ich war froh, als ich auf das Kepler-Gymnasium in Tübingen kam. Ich wollte Lehrer werden, wie mein Vater, habe aber schon mit 14 angefangen zu schreiben. Auf dem Gymnasium machte ich auch die Schülerzeitung. Mein Deutschlehrer hat mich ungeheuer gefördert, er hat in mir eine Begabung für Dialoge entdeckt. Er gründete eine Arbeitsgruppe, in der wir Theaterstücke geschrieben haben. Meines wurde aufgeführt, es ging um einen Kriegsheimkehrer. Das war natürlich stark an Borchert angelehnt, den wir damals alle gelesen haben. Aber unser Gott war Max Frisch. Von ihm haben wir alles verschlungen. Aus »Mein Name sei Gantenbein« haben wir uns gegenseitig vorgelesen. Dann kamen Walser, Dürrenmatt, Böll, Brecht, auch Zuckmayer.

Als Schülerratsvorsitzender war ich bei den Lehrern nicht sehr beliebt, ich war für sie der Inbegriff der Opposition. Sei es eine Pausenregelung oder die Klassengröße, was immer auch war, gleich sind wir auf die Barrikaden gegangen – nur keine Autoritäten. Die Abiturprüfung hat die Weichen für mein weiteres Leben gestellt: Die Schulleitung hatte sämtliche Toiletten verdunkelt und das Licht abgestellt – die Schüler sollten keine Gelegenheit haben, dort etwas nachzuschlagen. Ich ließ mich nicht abschrecken und schmuggelte mit einem Freund Lexika samt Taschenlampen dorthin. Der Religionslehrer erwischte mich, ich musste mich wieder an meinen Platz setzen. Nach fünf Minuten kam der Schulrektor, glückselig, dass es mich erwischt hatte, und sagte: »Hungerbühler, für Sie ist die Prüfung beendet. Im Übrigen kann ich das alles gut mit Ihrem Charakter vereinbaren.« Ich musste noch während der Prüfung die Schule verlassen. Mein Vater brach fast zusammen. Seinen beiden älteren Kindern konnte er das Abitur noch nicht finanzieren. Ich sollte es machen, wollte auch noch seinen Beruf ergreifen. Und dann machte ich so einen Mist. Plötzlich war ich ohne jede Perspektive.

Durch Glück bekam ich ein Redaktionsvolontariat bei der »Schwäbischen Donauzeitung«, der heutigen »Südwest-Presse«. Dort hatte ich schnell Erfolg: Louis Armstrong kam nach Ulm, und mein Chefredakteur fragte mich, ob ich ihn interviewen könne, ich sagte ja, obwohl ich kein Wort Englisch sprach. Kurz vor dem Treffen beichtete ich dem Fotografen. Der konnte Englisch und erklärte Armstrong alles. Louis Armstrong lachte herzlich und hat dann das Interview diktiert. Jede Frage und jede Antwort. Und ich saß mit rotem Kopf und Schweißausbrüchen neben dem Gott meiner Jugend. Anschließend schrieb ich auf, was der Fotograf übersetzte. Es war ein sehr gutes Interview. Mein Chefredakteur hielt mich von da an für eine Naturbegabung. Trotzdem ging ich erst als Lokalredakteur nach Blaubeuren, ich war jung verheiratet, wir hatten ein Kind, und dort gab es eine günstige Wohnung. Während dieser Zeit habe ich angefangen, frei zu schreiben. Für die Satirezeitschrift »Pardon« habe ich meine Zeit bei der Bundeswehr aufgearbeitet. Als abgelehnter Kriegsdienstverweigerer musste ich da einiges durchmachen.

Von 1972 bis 1979 war ich »Spiegel«-Korrespondent für Baden-Württemberg. In diese Jahre fiel die Baader-Meinhof-Berichterstattung, aber ich wollte nicht mein Leben lang typischen »Spiegel«-Stil schreiben. Ich wollte mich als freier Autor versuchen. Über eine Atommüllgeschichte, die ich für den »Spiegel« recherchiert hatte, schrieb ich meinen ersten Roman: Der Atomkrieg in Weihersbronn. »Spiegel«-Chefredakteur Rudolph Augstein sagte zu mir: »Es ist das Grundrecht jedes Menschen, ein Buch zu schreiben, aber nicht unbedingt unter dem Namen, der auch im ›Spiegel‹ erscheint.« So wurde aus Eberhard Hungerbühler Felix Huby.

Aufgezeichnet von Arnfrid Schenk

Edelgard Bulmahn, 1960

Edelgard Bulmahn, Bildungsministerin
Im Paradies des Wissens

Edelgard Bulmahn, Jahrgang 1951, ist im Kabinett Schröder Bundesministerin für Bildung und Forschung. Seit sie 1987 für die SPD in den Bundestag kam, befasst sich die Studienrätin leidenschaftlich mit Forschungsthemen. Von 1995 bis 1996 war sie Vorsitzende des Ausschusses für Bildung, Wissenschaft und Forschung. Als Bildungsministerin setzte sie in der Legislaturperiode 1998–2002 den Schwerpunkt auf die Dienstrechstreform für die Hochschulen. Ihre Kernpunke: Mit der Einführung einer Juniorprofessur sollen sich junge Wissenschaftler früher an den Hochschulen etablieren können; die Besoldung der Professoren soll stärker an ihren Leistungen ausgerichtet sein. Von sich reden machte die stille Ministerin, Tochter eines Binnenschiffers und einer Friseurin, als sie im Frühjahr 2001 Gentests an Embryonen sowie die Forschung an embryonalen Stammzellen nicht grundsätzlich ablehnte.

Matrose wollte ich werden. Kein Wunder, mein Vater war Binnenschiffer, und es war wunderschön, wenn ich in den Sommerferien mit ihm fahren konnte. Aber die Politik hat in meinem Leben schon immer eine wichtige Rolle gespielt. Natürlich war Berufspolitikerin nicht schon im Kindesalter mein Ziel. Aber es war mir sehr früh klar, dass ich mich in der Politik engagieren will. Mit 18 bin ich dann in die SPD eingetreten. Ich hatte einfach den Wunsch, die Welt zu verbessern. Es gab zu viele Dinge, die man verändern musste, nicht akzeptieren konnte: Umweltverschmutzung, soziale Ungerechtigkeit oder die Benachteiligung der Frauen. Ich hatte damals auf dem Gymnasium ein sehr prägendes Erlebnis. Als der Physiklehrer zum ersten Mal in die Klasse kam, sagte er: Die Mädchen nach hinten setzen, die verstehen sowieso nichts von Physik. Der kam mir gerade recht, wir blieben natürlich vorne sitzen.

Vor Technik hatte ich keine Scheu. Meine Eltern haben nie gesagt: »Da darfst du nicht ran.« Bei uns zu Hause gab es nicht diese klassische Arbeitsteilung: Der Mann ist für die Technik zuständig, und die Frau für alles andere. Mein Vater war immer längere Zeit unterwegs, wenn also mal eine Leitung kaputt war oder das Bügeleisen nicht funktionierte, hat meine Mutter das selbst in die Hand genommen – und die Töchter haben ihr dabei zugesehen. Als kleines Kind habe ich mich auch mal an ein Röhrenradio gewagt, es aber glücklicherweise nicht ganz auseinander gebaut.

Meine Kindheit war sehr schön, mit viel Natur um uns herum, es gab eine Menge zu entdecken. Einmal habe ich mit meinen Freunden im Garten eine tote Maus gefunden. Ich habe sie aufgeschnitten, weil ich wissen wollte, wie eine Maus von innen aussieht. Meine Mutter war entsetzt, weil ich ihr gutes Küchenmesser dafür benutzt hatte.

Acht Jahre lang habe ich die Volksschule in Döhren besucht. Das war eine kleine Dorfschule, in der mehrere Klassen zusammen unterrichtet wurden. Das hatte Vorteile: Man bekam gleich mit, was die Älteren lernten. Meine Mutter, die als Friseurin arbeitete, hat immer großen Wert auf eine gute Ausbildung gelegt. Sie wollte, dass ihre Töchter sich die Existenz einmal selbst sichern können und von niemandem abhängig sind. Aber dass ich auf ein Gymnasium gehen könnte, war nicht vorgesehen. Diese Entscheidung habe ich mit 14 mehr oder weniger selbst getroffen. Meine Eltern wollten, dass ich die Handelsschule besuche. Sie befürchteten, dass sie mich auf dem Gymnasium nicht unterstützen könnten. Aber ich sagte, lasst es mich einfach probieren. So kam ich aufs Aufbaugymnasium Petershagen. Als erstes Mädchen aus meinem Dorf. Ich habe mich früh in der Schüler-Mitverwaltung engagiert, und in der 10. Klasse wurde ich Schulsprecherin. Das war ein harter Job, als erstes Mädchen in diesem Amt erst recht.

Am meisten interessierten mich in der Schule Biologie und Geschichte. Latein fand ich entsetzlich langweilig. Viel lieber habe ich gelesen: Böll, Dürrenmatt, Heine, Goethe – ich war eine richtige Leseratte. Das vermisse ich heute sehr, aber dafür bleibt kaum mehr Zeit. Nach dem Abitur ging ich für ein Jahr in einen Kibbuz nach Israel. Ich wollte erfahren, wie man in einer solchen Gesellschaft lebt. Außerdem war es eine ausgezeichnete Möglichkeit, einmal auf eigenen Füßen zu stehen, und das wollte ich unbedingt. Meine Eltern hatten etwas Angst um mich, es war ungewöhnlich, dass ein Mädchen so allein loszog. Aber sie haben mir immer viel Verantwortung gelassen. Der Kibbuz lag am Rande der Negev-Wüste. Die meiste Zeit habe ich dort im Kinderhaus gearbeitet. Hebräisch eignete ich mir peu à peu an. In dieser Zeit habe ich gelernt, in einer völlig neuen und fremden Umgebung zurechtzukommen. Das hat mir viel Selbstvertrauen und Durchhaltevermögen gegeben.

Für das Anglistikstudium habe ich mich dann entschieden, weil ich durch meinen Israel-Aufenthalt großes Interesse an Englisch gewonnen habe. Lehrerin wollte ich werden, weil ich gerne mit Menschen zusammenarbeite. Zusätzlich habe ich Politische Wissenschaften belegt, die waren in den siebziger Jahren in Hannover sehr interdisziplinär ausgerichtet. In den Seminaren saßen Juristen und Ökonomen. Ich habe sehr gern studiert, die Universität als ein Paradies des Wissens empfunden.

Während meines Referendariats ist mir eines schnell klar geworden: Das Studium bildet zwar eine gute Grundlage, aber das wichtigste ist, das Fachwissen so umzusetzen, dass es für die Schüler spannend ist. Als ich 1987 in den Bundestag kam, wollte ich gleich in den Ausschuss Forschung und Technologie. Diese Themen faszinieren mich noch heute. Man kann dort vieles gestalten, etwas auf den Weg bringen. Und Bildung und Forschung sind die Bereiche, von denen unsere Zukunft abhängt. Für die Entscheidung, ob ich als SPD-Abgeordnete für den Bundestag kandidiere oder nicht, hatte ich nur drei Tage Zeit. Ich bin ins Rennen gegangen, habe mich zunächst parteiintern durchgesetzt und dann meinen Wahlkreis gewonnen. Das war bei mir eigentlich immer so: Wenn ich etwas in die Hand nehme, dann will ich es auch richtig machen.

Aufgezeichnet von Arnfrid Schenk

Marianne Birthler, 1964

Marianne Birthler, Bundesbeauftragte für die Stasi-Unterlagen
»Ich wollte ein Stück Freiheit«

Marianne Birthler, Jahrgang 1948, gehört zu den wenigen DDR-Bürgerrechtlern, die im wiedervereinigten Deutschland eine Laufbahn als Berufspolitiker eingeschlagen haben. Die studierte Außenhandelswirtschaftlerin engagierte sich seit ihrer Jugend in evangelischen Kirchengemeinden und arbeitete in den achtziger Jahren in Ost-Berlin in verschiedenen Oppositionsgruppen mit. 1990 wurde die Bündnisgrüne Mitglied der Volkskammer und Bildungsministerin im brandenburgischen Kabinett unter Manfred Stolpe. Dass sie ihr Ministeramt 1992 aus Protest gegen die Stasi-Verwicklungen des Ministerpräsidenten niederlegte, brachte ihr den Ruf einer kompromisslosen Einzelkämpferin ein. Im Oktober 2000 trat Birthler als Bundesbeauftragte für die Stasi-Unterlagen die Nachfolge von Joachim Gauck an.

Am 17. Juni 1953 rollten Panzer durch unsere Straße, und ich sah meine Mutter weinen. Ich war fünf Jahre alt und habe erst viel später verstanden, wie beides zusammenhing. Die Panzer haben nicht nur dem Arbeiteraufstand in Ost-Berlin ein Ende gemacht, sie zerstörten auch die politischen Hoffnungen vieler Menschen. Für meine Mutter waren Freiheit und Unabhängigkeit wichtige Werte, in der Politik genauso wie in der Erziehung ihrer beiden Töchter. Als mein Vater 1956 starb, musste meine Mutter sich allein um den Schnapsladen kümmern, den er nach dem Krieg am Alexanderplatz aufgemacht hatte. Ich habe viel im Geschäft geholfen, hätte mir aber gewünscht, dass meine Eltern Schreibwaren oder Spielzeug statt Alkohol verkauften.

Als ich 14 war, schickte meine Mutter mich zum Konfirmandenunterricht. Dazu hatte ich eigentlich keine Lust, aber wir nahmen beide an, dass mein Vater es so gewollt hätte. Also ging ich hin. Und verwandelte mich, sehr zur Überraschung meiner Mutter, in ein frommes, gläubiges Mädchen. Im Nachhinein erkläre ich mir diese Frömmigkeit auch als Abnabelung vom Elternhaus und als Versuch, der Familiengeschichte etwas Eigenes entgegenzusetzen. Streit gab es deswegen aber erst, als ich verkündete, ich wolle aus der DDR-Jugendorganisation FDJ austreten und mich ganz auf die Gemeindearbeit konzentrieren. So viel Eigensinn war selbst meiner liberalen Mutter zu viel. Sie redete auf mich ein, flankiert von meiner Klassenlehrerin: »Das Mädel verbaut sich die Zukunft.« Ein strategischer Fehler, weil ich immer dickköpfiger wurde und meinen Entschluss schließlich aus purem Starrsinn in die Tat umsetzte. Später fragten mich Freunde aus der FDJ, ob ich nicht vielleicht wieder mitmachen wollte. Ich habe die Sache dann nicht mehr so eng gesehen und ja gesagt. Was von der jugendlichen Eskapade übrig blieb, war ein inzwischen aufgeklärtes Christsein, meine Zugehörigkeit zur christlichen Gemeinde und vielleicht der Geschmack daran, etwas Eigenes zu machen.

Dass meine Schwester und ich das Abitur gemacht haben, war für meine Mutter etwas ganz Besonderes. Danach war ich unentschlossen: Sollte ich Germanistik studieren oder Psychologie? »Geh doch zum Außenhandel«, schlug meine Mutter vor, »mach's doch wie deine große Schwester«. Meine Stelle als Exportbearbeiterin im DDR-Außenhandel war ein typischer Bürojob, nicht sehr spannend, aber solide. Parallel absolvierte ich ein Fernstudium der Außenhandelswirtschaft.

Weil ich nie einen Karriereplan im Kopf hatte, fiel es mir leicht, mit Anfang 20 eine Babypause einzulegen. Am 21. August 1968 bestätigte der Arzt mir meine erste Schwangerschaft. Ich erinnere mich genau an den Tag, denn wenige Stunden später erfuhr ich aus dem Radio, was sich gleichzeitig in Prag abspielte. Panzer überrollten die Demokratisierungsansätze des Prager Frühlings. Was im selben Jahr in West-Berlin passierte, interessierte mich dagegen kaum. Mit den Reformern in Prag verband mich viel, mit den Kommunarden in West-Berlin wenig – eigentlich nur die Musik. Musik von den Stones und von Bob Dylan. Oder Ton, Steine, Scherben: Macht kaputt, was euch kaputt macht. Da war ein rebellischer, emanzipatorischer Ton drin, der das Lebensgefühl auch auf unserer Seite der Mauer widerspiegelte.

Nachdem ich die Stelle im Außenhandel aufgegeben hatte, zog ich mit meinem Mann aufs Land, führte ein etwas beschaulicheres Dasein als Hausfrau und Mutter, arbeitete in der Tierarztpraxis meines Mannes mit und organisierte abends kirchliche Gesprächsrunden. Irgendwann in dieser Zeit begann ich, unsere Gesprächsrunden als politische Arbeitskreise zu begreifen. Wir diskutierten brisante gesellschaftliche

Themen in einer Weise, die nur unter dem Dach der Kirche toleriert wurde. Es ging um Ökologie, Kindererziehung, Pazifismus. Es ging um unsere Vorstellungen von Demokratie und von linker Politik. Wir haben uns als linke Opposition verstanden, gegenüber einer SED, die in unseren Augen alles andere als links war.

1982 ging ich nach Berlin zurück, um in einer Kirchengemeinde in Prenzlauer Berg und danach im Stadtjugendpfarramt mit Kindern und Jugendlichen zu arbeiten. Das Risiko, das ich mit meiner politischen Arbeit einging, war begrenzt. Mein Arbeitsplatz in der Kirche war dadurch nicht gefährdet. Ich lernte in der Kirche Menschen kennen, die den Mut hatten, Dinge zu formulieren, die in der DDR nicht opportun waren. Ich wollte ein Stück Freiheit, wusste aber auch, dass man dafür einen Preis zahlen musste. Meine Töchter durften in der DDR kein Abitur machen, und ich wurde zweimal verhaftet. Trotzdem – wir haben uns nie als Opfer gefühlt. Opfer waren jene, die Jahre in Gefängnissen zugebracht haben. In meinen Augen aber auch die vielen Menschen, die aus Furcht vor der Obrigkeit angepasst gelebt haben. Weil sie freiwillig auf Dinge verzichteten, die mein eigenes Leben reich gemacht haben.

Aufgezeichnet von Oliver Burgard

Erika Fuchs, 1928

Erika Fuchs, Übersetzerin
Allein unter Jungen

Erika Fuchs, Jahrgang 1906, übersetzte mehr als 40 Jahre lang die Geschichten von Donald Duck und Micky Maus ins Deutsche. Die promovierte Kunsthistorikerin hat Onkel Dagobert und Daniel Düsentrieb ihre Namen gegeben. Mit lautmalerischen Wortschöpfungen (»seufz«, »ächz«, »stöhn«, »röchel«, »keuch«, »würg«) und ihrer Dichtkunst (»Dem Ingeniör ist nichts zu schwör«) bereicherte sie die deutsche Umgangssprache. 2001 hatten Comic-Fans doppelten Grund zum Feiern. Die deutsche Micky Maus wurde 50 Jahre alt, und Erika Fuchs erhielt für ihre Verdienste gleich zwei Literaturpreise: den Heimito-von-Doderer-Sonderpreis und den Roswitha-Preis der Stadt Gandersheim, zu dessen Trägerinnen Literatinnen wie Elfriede Jelinek, Herta Müller und Marie-Luise Kaschnitz gehören.

Belgard an der Persante war eine kleine Kreisstadt in Hinterpommern mit Kopfsteinpflaster, einem Amtsgericht, einem Gymnasium und einer Garnison. Mein Vater leitete das Elektrizitätswerk. Wir lebten in der Dienstwohnung, einem sehr großen Haus mit Riesengrundstück. Meine Eltern haben uns sechs Kinder streng und zur Selbstständigkeit erzogen. Beim Essen mussten wir hinterm Stuhl stehen bleiben, bis mein Vater kam. Wenn jemand von uns klagen und jammern wollte, hieß es nur: Stell dich nicht an. Reden durften wir jedoch so viel wir wollten. Das große Haus, die vielen Kinder – damit wurde meine Mutter nur schwer fertig. Mama ist immer leidend, so erlebten wir sie. Erst später begriff ich, was für eine wunderbare Frau sie war. Sie war Volksschullehrerin und hatte eine Ausbildung als Sängerin.

Drei Jahre lang besuchte ich in Belgard die Volksschule, danach ging ich auf die höhere Mädchenschule. Wir trieben viel Unsinn und lernten wenig. Vom geistigen Reichtum in der Welt erfuhren wir erst, als wir eine richtige Studienrätin für Deutsch und Geschichte bekamen. Alle 14 Tage lud sie ein paar Schülerinnen zum Kaffee ein und zeigte uns beispielsweise die Bilder großer Meister, Dinge, die im Unterricht nicht vorkamen. Meine Freundin Asta Hampe und ich waren begeistert. Wir beschlossen, das Abitur zu machen und zu studieren. Mein Vater unterstützte uns. Nur gab es kein Mädchengymnasium in der Stadt. Also musste der Stadtrat darüber abstimmen, ob wir das Jungengymnasium in Belgard besuchen dürften. Das war eine wilde Schlacht: Die Konservativen sahen furchtbare Zustände heraufdämmern; die Erlaubnis bekamen wir schließlich mithilfe der Sozialdemokraten.

Wir wurden zunächst ein Jahr vom Schulunterricht freigestellt, um den Stoff nachzuholen: fünf Jahre Griechisch und drei Jahre Latein. Leider zog meine Freundin schon bald mit ihren Eltern nach Hamburg, und so absolvierte ich als einziges Mädchen die Aufnahmeprüfung für die Untersekunda. Meine Deutschlehrerin, die ich an der Mädchenschule so bewundert hatte, gab mir mit auf den Weg: »Wenn du allein unter Jungen bist, musst du auf dein Äußeres achten.« Ich habe dann vier Jahre lang mit dem größten Vergnügen gelernt, hatte in Latein und Griechisch fabelhafte Lehrer. Zwei ältere Herren, die von ihrem Fach begeistert waren; und diese Begeisterung teilte sich uns mit. Die beiden hatten jedoch auch ihre Schrullen. So redete uns der Griechischlehrer etwa immer in der dritten Person an: »Petri II, ist sie vorbereitet?« Und der Lateinlehrer kam manchmal betrunken ins Klassenzimmer, schlingerte zum Katheder und saß teilnahmslos da. Oder er sagte: »Herrschaften, es muss alles anders werden.« Wir hatten solchen Respekt vor ihm, dass wir die ganze Stunde lang mucksmäuschenstill waren. Mit den Jungs verband mich Kameradschaft, nicht mehr. Das waren ja ganz andere Zeiten: Wir siezten uns sogar. Wenn wir Klassenaufsätze aufbekamen, schrieb ich immer noch einen zweiten – für den schlechtesten Schüler, den Sohn des Postboten. Er hat es als Einziger unserer Klasse zu etwas Besonderem gebracht: Er ist Professor der Medizin geworden.

Ich studierte Kunstgeschichte, Archäologie und Geschichte. Zunächst in Lausanne, danach in München und in London. Nach dem Examen heiratete ich und bekam zwei Söhne. In dieser Zeit habe ich mir das Übersetzen beigebracht. Wenn ich in der englischen Literatur Stellen fand, bei denen ich dachte: »Mein Gott, wie sagt man das auf Deutsch?«, übersetzte ich sie zu meinem Privatvergnügen – und habe so eine gewisse Übung gekriegt. Nach Kriegsende schickte ich eine von mir übersetzte Short Story aus der amerikanischen Armeezeitung »Stars and Stripes« an Reader's Digest und habe von da an für diese Zeitschrift übersetzt. Eines Tages gab mir der Redakteur etwas in die Hand, was ich zuvor noch nie gesehen hatte: ein Comic-Heft. Eine amerikanische Ausgabe der Micky Maus. »In Deutschland geht so etwas nicht«, sagte ich. – »Da irren Sie sich«, entgegnete der Redakteur. »Nächsten Monat kommen die Herren von der Disney Production, die suchen einen Übersetzer. Also übersetzen Sie ein Heft und bringen es mit. Vielleicht klappt es.« Ich begann zu übersetzen und merkte, wie witzig die Texte waren – und wie schwer ich daran zu knacken hatte. Ich blieb dabei; die letzten Geschichten habe ich 1995 übersetzt. Durch die Lektüre von Comics sind sicher Hunderttausende von Kinder zum Lesen gekommen, die sonst überhaupt nicht gelesen hätten.

Aufgezeichnet von Alexander Kühn

Regina Ziegler, 1958

Regina Ziegler, Filmproduzentin
Jura wurde ihr zum Horror

Regina Ziegler, Jahrgang 1944, reihte sich mit 29 Jahren ein in die Männerriege der deutschen Filmproduzenten. Heute gehört die Ziegler Film GmbH mit Sitz in Berlin und Köln mit über 250 Werken für Film und Fernsehen zu den Branchenführern. Bereits in ihrem ersten Geschäftsjahr, 1973, erhielt sie den Bundesfilmpreis für »Ich dachte, ich wäre tot«. Auch danach wurden viele ihrer Produktionen mit nationalen und internationalen Preisen bedacht (u.a. »Goldener Löwe«, »Friedenspreis der Berlinale«). Sie selber erhielt u.a. den »Denver Obelisk« sowie den »American Cinema Foundation Freedom Award«. Im Jahr 1998 erhielt sie das Bundesverdienstkreuz erster Klasse. 1999 wurde sie mit dem Adolf-Grimme-Preis für besondere Verdienste um die Entwicklung des Fernsehens ausgezeichnet. 2000 würdigte das Troja International Festival sie mit dem goldenen Delphin, und im Jahr 2001 wurde ihr der Verdienstorden des Landes Berlin verliehen.

Auf die Eichenlaubkränze von Turnvater Jahn, in die rote und weiße Schleifen gebunden waren, bin ich noch heute stolz; die sportlichen Ehrenurkunden habe ich alle gesammelt, auch das Abzeichen des Goldenen Totenschwimmers, das ich für fünf Stunden Dauerschwimmen erhielt. Mit sieben kam ich zum Männerturnverein bei uns in Obernkirchen, damals längst ein gemischter Verein. Weitsprung, Kugelstoßen, Laufen, im Winter Skifahren im Harz – ich war ständig in Bewegung, und langweilig war mir, bis heute, nie. Der größte Schatz, den ich in der Jugend ansammelte, sind die vielen Geschichten in meinem Kopf. Die biblischen Geschichten, die ich im Gottesdienst hörte, beflügelten meine Fantasie. Dass Jesus auf dem Wasser gehen konnte, beeindruckte mich, und ich habe es natürlich auch versucht. Aus Fassbrettern bauten wir die Arche Noah, »bemannten« sie mit Fröschen und Käfern und setzten sie auf die Weser. Das Schiff ging unter, das Sinnbild blieb mir im Gedächtnis: der Wunsch zu existieren – doch auf meine Weise. Da war mir meine Mutter ein großes Vorbild. Im Krieg verschlug es sie von Berlin zu meinen Großeltern ins Weserbergland. Sie war mit mir und meiner fünf Jahre älteren Schwester fast auf sich gestellt, weil Vater als Ingenieur und Brunnenbauer oft monatelang im Ausland arbeitete, brachte uns aber mit eigener Kraft durch und behauptete sich resolut und unbestechlich als Reporterin.

Meine Mutter öffnete mir eine weitere Geschichtenwelt. Als Lokaljournalistin schrieb sie auch Filmkritiken und hatte immer zwei Freikarten. Schon mit neun Jahren durfte ich sie zwei-, dreimal die Woche abends begleiten. »Nachts wenn der Teufel kam« gefiel mir besonders, natürlich wegen Mario Adorf, und ich liebte »Vom Winde verweht«. Im Fernsehen sah ich die Krönung der englischen Königin; wir hatten mit als Erste in unserer Kleinstadt einen Apparat, doch Bücher blieben viel wichtiger. Ich verschlang, was ich kriegen konnte, mochte die Geschichten aus »Tausendundeiner Nacht«, las Erich Kästners »Fabian« mit der Taschenlampe unter der Bettdecke. Mit Jobs in einer Glasfabrik und Nachhilfestunden finanzierte ich Bücher, dann auch Disco-Besuche, von denen ich oft später nach Hause kam, als meiner Mutter recht war. Sie nahm mein Nachthemd zu sich ins Bett, um wenigstens zu wissen, wann ich zurück war.

Schule war für mich Nebensache, fiel mir aber zu, und ich schaffte mit minimalem Aufwand passable Noten. Ich besuchte das Gymnasium Adolfinum in Bückeburg, neun Kilometer von unserem Wohnort entfernt, und machte das Latinum und Graecum, um Jura studieren zu können. Weil ich seit langem Jugendgruppen in Kirche und Sportverein leitete, wollte ich auch im Beruf mit jungen Leuten zu tun haben und Jugendrichterin werden. Und mich zog es in die Großstadt, Traumziel war Berlin. Meine Eltern erzählten oft von ihren Berliner Jahren, und eines Tages besuchte uns Hartmut Ziegler, der Sohn von Bekannten aus der Röntgenstraße, in der sie gewohnt hatten. Mit ihm zusammen fuhr ich eine Woche nach dem Abitur nach Berlin und schrieb mich in Jura ein.

Richtig studiert habe ich nicht, sondern genoss den Großstadtsommer 1964. Angekommen als naive, unverdorbene 19-Jährige, lernte ich ein neues Leben kennen, Wörter wie Wolkenkratzer und Concierge füllten sich mit Inhalt. Tagsüber streifte ich durch die Stadt, nachts angelten Hartmut (später mein Mann) und ich Havelzander und Aal. Das Tempo war hier viel schneller, als ich das von Obernkirchen kannte – plötzlich empfand ich das Jurastudium als Horror: Acht Jahre würde es dauern, bis ich Richterin wäre – und eine alte Frau. Ein Bekannter vermittelte mir einen Job beim Sender Freies Berlin. Ich war der »Aktenschwanz« – zuständig für all das, was die anderen nicht machen wollten. Meine Eltern waren entsetzt – und rangen mir eine Ausbildung zur Fremdsprachenkorrespondentin ab. Beim SFB machte ich schnell Karriere; ich war präsent, recherchierte hier und half dort, arbeitete zuverlässig und entlastete meine Chefs. Nach sieben Jahren hatte ich die Aufgaben einer Produktionsleiterin, jedoch nicht die Position. Der Zeitpunkt, mich auf eigene Füße zu stellen, war gekommen. Kollegen ermunterten mich, mein Mann war dagegen und hätte zur Bremse auf meinem Lebensweg werden können. Ich entschied mich für das Wagnis: Trennung und Selbstständigkeit. Die Scheidung brachte mir Schulden ein, doch die 30 Mark für den Gewerbeschein waren noch drin. Dann machten Wolf Gremm und ich unseren ersten Spielfilm, »Ich dachte, ich wäre tot« (1973), für den wir einen Bundesfilmpreis bekamen.

Aufgezeichnet von Marlis Prinzing

Rachel Salamander, 1954

Rachel Salamander, Literaturwissenschaftlerin
Schweigend im Land der Täter

Rachel Salamander, Jahrgang 1949, wurde im Displaced Persons Camp für Überlebende des Holocaust im niederbayerischen Deggendorf geboren – und wuchs sieben Jahre lang in verschiedenen DP-Lagern auf. Während des Studium begann sie die Spurensuche in der deutsch-jüdischen Geschichte und machte sie zu ihrer Lebensaufgabe. 1982 eröffnete sie in München ihre Literaturhandlung. Die auf Literatur zum Judentum spezialisierte Fachbuchhandlung mit Antiquariat und Dokumentation ist zugleich auch Treffpunkt für Emigranten und Forum moderner jüdischer Erzähler wie Amos Oz und Barbara Honigmann. Die Kulturmanagerin ist an ihrem Platz kaum zu ersetzen. Deshalb lehnte sie Anfang 2001 das Angebot ab, Kulturreferentin in München zu werden, und expandiert lieber mit der Literaturhandlung. Seit dem 1. September 2001 ist sie außerdem Herausgeberin der wöchentlich erscheinenden Literaturbeilage der »Welt«.

Vor unserem Haus im DP-Lager bei Deggendorf stand eine Holzkiste, etwa eineinhalb auf einen Meter groß. Darin sammelte mein Vater, der Spengler war, Werkzeug, das er von erspartem Geld gekauft oder selber gemacht hatte. Es sollte den Grundstock legen für eine neue Existenz in Israel. Darauf warteten wir alle. Täglich. Mitten im Land der Täter. Hoffnungsträger der vom Holocaust gezeichneten Erwachsenen und Hinweis auf die Zukunft waren wir Kinder – und der Postbote. Alle nannten ihn ehrfürchtig den »Konsul«. Er hatte in der Hand, wer gehen durfte, denn er teilte die Visa aus. Unser Visumsantrag für Israel wurde abgelehnt, weil meine Mutter krank war; lange Zeit wurde sie im Lager behandelt, zuletzt in einem Münchner Krankenhaus, wo sie 1953 starb. Als die Absage kam, schickte Vater die Werkzeugkiste seinem Bruder nach Israel und gab damit sein eigenes Leben auf; nur die Verantwortung für meinen fünf Jahre älteren Bruder und mich war ihm noch wichtig.

Vater hatte früher Balalaika gespielt und gespürt, wie sich mit der Musik Kraft und die Zuwendung von Menschen gewinnen lässt. Deshalb sparte er für mich eine Violine zusammen. Ich war im Lager die Einzige, die ein Instrument spielte. Einmal pro Woche kam nun ein Musiklehrer zu mir – einer der seltenen Kontakte mit Leuten von draußen. Als das Lager 1956 aufgelöst wurde, zählten wir zu den wenigen, die übrig und sitzen geblieben waren. Wir wurden dem Münchner Stadtteil Neuhausen zugewiesen, mit 17 weiteren jüdischen Familien bezogen wir ein Haus: Plötzlich saßen wir in der Großstadt, im Feindesland und in einer anderen Sprache – das war für mich ein Kulturschock. Ich konnte nur Jiddisch, kein Wort Deutsch, und saß als einzige Jüdin unter deutschen Kindern in der zweiten Grundschulklasse. Ich schwieg. Ein ganzes Jahr lang sprach ich nur, wenn ich zu Hause war. In der großen

Pause trafen sich mein Bruder und ich oft in einer abgelegenen Ecke des Schulhofs unter einem hohen Baum und heulten einfach. Meine Volksschullehrerin war zum Glück verständnisvoll, sie tadelte mich nicht für mein Schweigen, sondern ließ mich in Ruhe und zeigte mir durch Blicke ihr Wohlwollen.

Allmählich arrangierte ich mich, doch während der ganzen Schulzeit freundete ich mich nur mit wenigen deutschen Mädchen an. Mein Leben begann nach Schulschluss, inmitten der jüdischen Familien. Ich traf mich mit Gleichaltrigen im jüdischen Jugendzentrum und entdeckte die Bücher. »Rachela, du musst lesen«, meinte unser Nachbar, ein ehemaliger Jurist, und gab mir Ibsen, Max Frisch – da war ich gerade zwölf Jahre alt; später brachte er oft Brecht. Ich verschlang, was ich kriegen konnte. Vater bestärkte mich: »Das Einzige, das dir keiner nehmen kann, ist das, was du weißt.« Als Sozialhilfeempfänger hätten mein Bruder und ich spätestens nach der mittleren Reife in den Beruf gemusst; doch Vater trat beim Sozialamt so beharrlich auf, dass wir weiter zur Schule durften und bis zum Abitur unterstützt wurden.

Ich wollte Kinderärztin werden, vielleicht, weil auch mein Bruder, für mich ein großes Vorbild, Medizin studierte. Ich schaffte den Numerus clausus. 1969 schrieb ich mich ein, brach aber noch im ersten Semester ab: Mir grauste vor den Präparierkursen. Ich wollte lieber über die Menschen als an den Menschen arbeiten und studierte nun Germanistik, Romanistik und Philosophie. Vater konnte diese Entscheidung nicht begreifen, er verband mit Germanistik schlicht Barbarei; mein Bruder verstand und unterstützte mich. Ansonsten blieb ich im Studium sehr auf mich gestellt und wandte mich rasch der Spurensuche in der deutsch-jüdischen Geschichte und Literatur zu. Ich wollte wissen, wer ich bin und woher ich komme, und suchte den Standort meiner Generation. Unsere

Entkoppelung von der jüdischen Geistestradition aufheben, rekonstruieren, anknüpfen, den geistigen Reichtum nachzeichnen bedeutete Pionierarbeit.

Am liebsten hätte ich das in meiner Doktorarbeit vertieft und über das Jüdische promoviert. Doch das Thema war damals nicht in, ein Doktorvater kaum zu finden. Also schrieb ich in der Mediävistik über den Verstehensbegriff und griff danach die Spurensuche mit dem Konzept für die Literaturhandlung wieder auf, die ich 1982 in München eröffnete. Die ersten Emigranten kamen als Gäste hierher, erstmals wieder zurück nach Deutschland. Sie erzählten, lasen aus ihren Büchern – eine Aura der Ehrerbietung war im Raum, jeder spürte das Kostbare. Der Erfolg der Literaturhandlung spiegelt auch meine Lebenshaltung: Man muss sich bemühen, Negatives positiv zu wenden, und darf sich auch unter ungünstigen Bedingungen nicht unterkriegen lassen.

Aufgezeichnet von Marlis Prinzing

Regina Halmich, 1978

Regina Halmich, Profiboxerin
»Ich liebe die Extreme«

Regina Halmich, Jahrgang 1976, ist Deutschlands bekannteste Profiboxerin. Am 24. November 2001 verteidigte die Karlsruherin zum 24. Mal ihren Weltmeistertitel im Junior-Fliegengewicht. Mit 14 hatte sie ihren ersten Vollkontakt-Wettkampf im Kickboxen, mit 17 wurde sie Box-Europameisterin. Im Training kämpft die gelernte Rechtsanwaltsgehilfin auch gegen Männer, in der Öffentlichkeit ließ sie sich nur einmal darauf ein: Vor 7,5 Millionen Zuschauern boxte sie im Frühjahr 2001 gegen den Fernsehmoderator Stefan Raab und entschied den Geschlechterkampf klar für sich.

Natürlich haben meine Eltern keine Luftsprünge gemacht, als ich mit zwölf Jahren dastand und sagte: Ich will Kampfsport machen. Eine Freundin hatte mich zum Karatetraining mitgenommen, und irgendetwas in meinem Kopf hatte dort plötzlich angefangen zu arbeiten. Diese Besessenheit, diese Disziplin; wie der Trainer die Leute motivierte, sie forderte bis an den Rand der Erschöpfung: Das hat mich fasziniert. Kann ja nicht schaden, wenn ein Mädchen sich zu verteidigen weiß, hofften meine Eltern schließlich und zahlten mir Trainingsstunden. Als ich dann viermal die Woche zum Karate ging, stellten sie die klassische Bedingung: Die Schule darf nicht darunter leiden. Ich lernte also mein Zeug und hatte auch einigermaßen gute Noten. Eine Spitzenschülerin war ich aber nie. Was ich suchte, war eine echte Herausforderung, und die fand ich nicht in der Schule; nicht einmal im Sportunterricht: Denn leider zählte dort zum Sport auch das Reck oder, zu allem Übel, Bodenturnen – und ich sah keinen Sinn darin, eine Rolle vorwärts zu machen und danach einen Handstand. Wo blieb die Action?

Zehnmal mehr Spaß gemacht hat mir Hockey oder Volleyball. Da waren sie wieder, der Wettkampfgedanke und der Siegeswille: Ich möchte Erste sein, ich möchte in der guten Mannschaft spielen. Richtig aufgegangen bin ich aber nur im Kampfsport, das war die Schule, die mich prägte. Mit 13 fing ich mit dem Kickboxen an. Zu Anfang noch heimlich, doch meine Eltern waren nicht blöd: Was sollte ich schon gemacht haben, wenn ich abends nicht nach einer, sondern nach zwei Stunden aus dem Studio kam, völlig verschwitzt, mit Boxhandschuhen unter dem Arm? Aber sie wollten mir den Spaß nicht nehmen. Sie besuchten das Studio, lernten den Trainer kennen und wuchsen in ihre Rolle als Eltern einer Kampfsportlerin hinein – auch als ich mit 15 zum Boxen wechselte.

Dass ich nach dem Hauptschulabschluss von der Schule abgehen wollte, weil ich sonst für den Profisport zu alt geworden wäre, sahen sie ein. Aber eine Berufsausbildung musste sein, darauf bestanden sie, und auch ich wollte diese Sicherheit haben. Als der Bruder einer Lehrerin eine Rechtsanwaltsgehilfin suchte, bewarb ich mich. Verfahrensrecht, Zwangsvollstreckungen, das fand ich zumindest nicht uninteressant. Manchmal ging es auch um richtig schwere Delikte, das war dann eine Krimiatmosphäre wie im Fernsehen. Ich habe in den drei Lehrjahren kein einziges Mal gefehlt, nicht in der Kanzlei und nicht in der Berufsschule. Es war eine harte Zeit. Nach der Arbeit ging ich ins Training, abends fiel ich um neun, halb zehn ins Bett. Der Ehrgeiz hat sich gelohnt: Als ich meine Ausbildung abgeschlossen hatte, bekam ich von dem Hamburger Boxstall Universum das Angebot, Profi zu werden. Ich brauchte keine Bedenkzeit, ich wollte mein Geld mit Boxen verdienen. Und dass das funktionieren kann, stand damals fest, denn 1995 war Henry Maske jedem ein Begriff.

Wahrscheinlich entschied ich mich für meinen Beruf, weil ich Extreme liebe. Schon das Training ist extrem: Ich muss laufen, schneller, einen Berg hoch und noch einen, der Trainer treibt mich weiter. Ich denke: Ich kann nicht mehr! Und gleichzeitig: Ich muss! Am Ende habe ich es geschafft. Der Trainer hat dabei eine ähnliche Rolle wie ein Lehrer in der Schule. Er weiß, was ich zu leisten imstande bin, und hat einen Plan, wie ich das Optimum erreichen kann. Und wie ein Schüler muss ich ihm vertrauen, dass er mich nicht überfordert.

Extremer noch als das Training sind dann die Kämpfe: Im Ring weiß man nicht, was kommt, ist auf sich allein gestellt. Da ich ein Mensch bin, der gern die Kontrolle hat, ist genau das der Kick für mich. Ich versuche die Situation zu beherrschen, auf mein Können zu vertrauen. Für die Selbstsicherheit, die ich mir auf diese Weise erboxte, sollte ich noch dankbar sein, denn als einzige Profiboxerin in Deutschland musste ich zwei Kämpfe bestehen: einen im Ring und einen außerhalb. Vor allem die Gegner außerhalb kämpften nicht immer fair. »Frauen können nichts einstecken«, bekam ich von Kollegen zu hören. Ich musste beweisen, dass ich mich genauso anstrengen wollte wie ein Mann. Das tat ich. Doch dann kam der nächste Angriff von außen, die Journalisten schrieben »Frauenboxen – wie unweiblich«. Ein besonderer Tiefschlag war mein erster Titelkampf in Las Vegas 1995: Meine Gegnerin kämpfte ohne ersichtliche Taktik, und ich war so unerfahren, dass ich genauso drauflosschlug, anstatt zu warten, zu schauen, Punkte zu machen. Ich verlor. Und meine Gegner sahen sich bestätigt. Frauenboxen? Seht euch diese Keilerei an, so etwas wollen wir nicht. Doch ich bin eine Angreiferin; jetzt erst recht, dachte ich damals. Inzwischen habe ich 25 Titel gewonnen – und den Kampf außerhalb des Ringes auch: 2002 überträgt das ZDF meine Fights live. Frauenboxen im öffentlich rechtlichen Fernsehen! Das wäre vor ein paar Jahren undenkbar gewesen.

Aufgezeichnet von Elke Michel

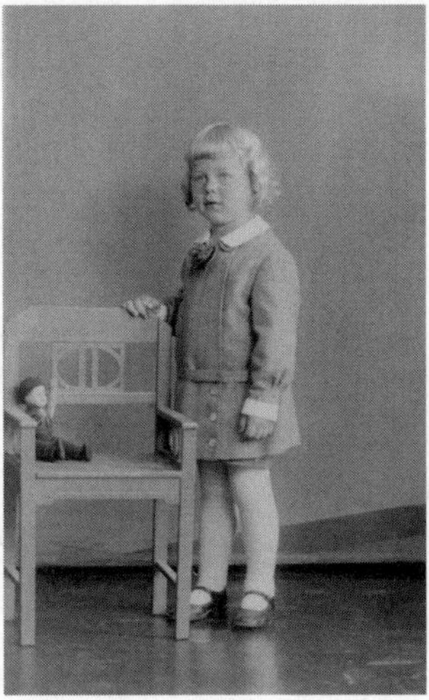

Hans Küng,
um 1931

Hans Küng, katholischer Theologe und Publizist
»Kirche interessierte mich mäßig«

Hans Küng, Jahrgang 1928, studierte nach dem Abitur in Luzern an der Päpstlichen Universität Gregoriana in Rom Philosophie und Theologie und danach an der Sorbonne sowie am Institut Catholique in Paris. In Tübingen übernahm er 1960 eine Professur für Fundamentaltheologie, ab 1963 lehrte er Dogmatik und Ökumenische Theologie. Seine kritische Haltung zu Dogmen der Kirche und der Rolle des Papstes brachten ihm weltweit Respekt und Kritik ein; Kurie und Fakultätskollegen wollten ihn von der Lehre ausschließen. Küng schied 1980 aus der Fakultät aus, behielt aber bis zur Emeritierung 1996 seine Professur. 1993 wurde in Chicago Küngs »Erklärung zum Weltethos« vom Parlament der Weltreligionen verabschiedet. Sie destilliert die ethischen Gemeinsamkeiten der Religionen: eine Kultur der Gewaltlosigkeit und der Ehrfurcht vor dem Leben, eine Kultur der Solidarität und gerechten Wirtschaftsordnung, eine Kultur der Toleranz und der Gleichberechtigung von Mann und Frau.

Der 25. Juli 1934 hat sich tief in mein Gedächtnis eingegraben. Es war 12.30 Uhr, und die ganze Familie saß wie alle Tage um diese Zeit am Tisch und hörte Nachrichten. Der Sprecher von Radio Beromünster meldete: Nationalsozialistische Putschisten haben den österreichischen Bundeskanzler Dollfuss ermordet. Ich war erst sechs Jahre alt, doch das Entsetzen der Erwachsenen packte mich. Meine Familie war sehr politisch, katholisch-konservativ und scharf antinationalsozialistisch. Wir wohnten im Kanton Luzern, mitten in Sursee, zwischen Rathaus und Kirche; im selben Haus war unser Schuhgeschäft, das größte der Region. Mit zehn Jahren las ich regelmäßig den Politikteil der Zeitung und war bestens vorbereitet, als der Deutschlehrer uns als Aufsatzthema auftrug, über den Ausbruch des Zweiten Weltkriegs zu schreiben. Wie immer gab er jedem von uns einen Doppelbogen Papier, meist reichte das. Wer mehr brauchte, ging zu ihm ans Pult und holte sich den nächsten Bogen. Ich schrieb 28 Seiten, ging sechsmal nach vorne – ich kannte ja alle Staatsmänner, die Phasen der Verhandlungen, die strategischen Planungen.

Die Kirche interessierte mich lange Zeit mäßig. Mit sechs Jahren, kurz vor der Kommunion, sollten wir das erste Mal zum Beichten. »Ich habe gestohlen«, bekannte ich und dachte, das sei genug gesagt. Aber der Beichtvater wollte wissen, was und wie viel. »Es waren Trübeli, am Gartenzaun, auf dem Rückweg von der Badeanstalt«, erklärte ich und erhielt die Absolution. Doch vom Beichten beim »hochwürdigen Herrn Stadtpfarrer« hatte ich genug. Auch wenn er erhaben mit Gehrock und breitrandigem Hut durch Sursee schritt, hinterließ das bei mir wenig Eindruck.

Franz Xaver Kaufmann war anders. Ich war neun Jahre, als er als Pfarrhelfer und Jugendseelsorger nach Sursee kam. Er trug am liebsten normale Kleidung, ging mit uns auf Freizeiten, machte Geländespiele, abends kochten wir gemeinsam – und wir vertrauten ihm unsere Sorgen an. Er hatte für alle ein offenes Ohr, fand den rechten Ton und genoss größten Respekt. Die meisten nannten ihn »Präses« – er war aber weder ein Prälat noch ein Präsident, sondern väterlicher Freund. Ein Vorbild für mich und andere in der Jugendbewegung. Mit elf Jahren war mir klar: Solches Priestertum im Dienst der Jugend würde auch meine Berufung sein. Nur der Zölibat brachte mich ins Grübeln. Ich hatte auf dem Schulweg ein Mädchen getroffen, das mir sehr gefiel. Ich war 15 oder 16 und fragte den Präses, ob ich irgendwie beides – sie und das Priestertum – kriegen könnte. Er riet mir, mich zu entscheiden. Ich küsste sie – ein einziges Mal, zum Abschied. Der Präses hatte mir bereits bei einer anderen Entscheidung geholfen. Er überzeugte meine Eltern, mich auf das liberal geprägte Kantonsgymnasium nach Luzern zu lassen. Auf ein katholisches Internat, wie sie vorschlugen, wollte ich nicht. Da wäre ich in einem katholischen Bildungsghetto geblieben, das liberales Denken ausklammerte, statt sich einer humanistischen Kultur zu öffnen.

Da es als Zeichen besonderer Begabung galt, übersprang ich einen Jahrgang – ein Fehler. In Griechisch und Algebra hatte ich die Grundlagen verpasst, in den anderen Fächern war ich im Rückstand. Obwohl ich schnell begriff und viel arbeitete, dauerte es lange, bis ich wieder gute Zensuren schrieb. Irgendwann im Jahr 1946, in der Luzerner Oper, fiel eine weitere Entscheidung. Ob Nikolais »Lustige Weiber« oder Verdis »Rigoletto« gespielt wurde, weiß ich nicht mehr, wir sahen da den Moraltheologen Professor Alois Schenker. Präses Kaufmann machte meinen Freund Otto Wüst, unseren späteren Bischof, und mich auf ihn aufmerksam und erzählte uns von seinem Werdegang: Schenker hatte am Pontificium Collegium

Germanicum und der Päpstlichen Universität Gregoriana in Rom studiert und mit Doktoraten in Philosophie und Theologie abgeschlossen. Wir waren beeindruckt, besorgten uns Informationen und wurden angenommen.

Der Abschied von der Familie, den Freunden, der Stadt, vom See und den Bergen – für volle sieben Jahre – fiel mir schwer. Erst als ich im Zug künftige Kommilitonen traf, ging es mir besser. In Rom empfingen uns die italienische Wärme und die faszinierende Atmosphäre der historischen Bauten. Wir wurden in die roten Talare eingekleidet, die für Germanicum-Studenten typisch sind, fuhren gleich in den ersten Tagen nach Castel Gandolfo, begegneten Pius XII.; doch trotz aller neuen Eindrücke blieb das Heimweh noch lange. Vom Ziel hätte es mich nie abbringen können: Ich wollte unbedingt Jugendseelsorger werden, dann vielleicht Stadtpfarrer. An ein hohes kirchliches Amt dachte ich nicht, schon gar nicht an eine Professur.

Aufgezeichnet von Marlis Prinzing

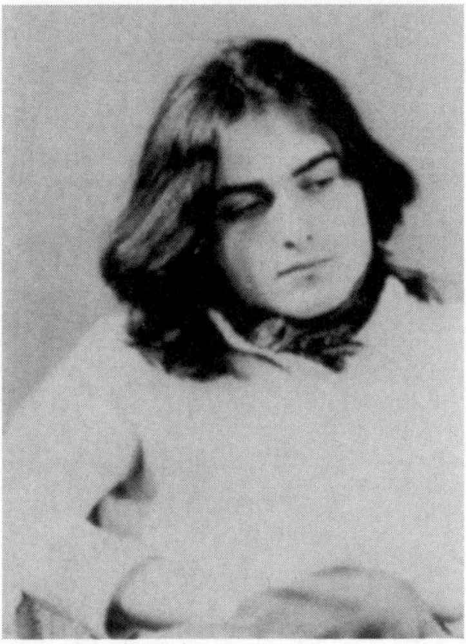

Giovanni di Lorenzo, 1978

Giovanni di Lorenzo, Journalist
Vom Paradies in die Hölle und zurück

Giovanni di Lorenzo, Jahrgang 1959, kam 1999 von München nach Berlin, wo er Chefredakteur des »Tagesspiegel« wurde. Seit 1989 moderiert er die Talkshow »III nach 9« bei Radio Bremen. Rechtsradikalismus und Fremdenfeindlichkeit sind für den Sohn einer Deutschen und eines Italieners wichtige Themen. Mit 22 schrieb er sein erstes Buch: »Stefan, 22, deutscher Rechtsterrorist«, 1992 war er Mitinitiator der Lichterkette in München, wo er nach dem Abitur in Hannover Kommunikationswissenschaften studierte. Danach arbeitete er bei der »Süddeutschen Zeitung«, zunächst als politischer Reporter, dann als Leiter des Reportageressorts.

Gelasios cholerische Ausbrüche waren sagenhaft. Einmal öffnete er das Fenster des Klassenzimmers, sang zitternd und bebend vor Wut ein Lied von Modugno, nämlich »Volare«, und feuerte die korrigierten Klassenarbeiten, eine nach der anderen, zum Fenster hinaus. Eine Szene wie aus einem Film mit Louis de Funès. Gelasio ist mir aber auch deshalb in Erinnerung, weil ich in seine Tochter verliebt war – eine sehr melancholische Liebe. Denn ich hatte das Gefühl: Das darf nicht sein. Da war ich acht Jahre alt. Bis zur dritten Klasse besuchte ich die Volksschule in Rimini, wo wir mit Oma, Opa, Tanten und Onkels in einem Haus wohnten, zu dem auch die Wollfabrik meines Großvaters gehörte. Für uns Kinder war sie das Paradies. Die tollen Maschinen, die Arbeiter, die immer Zeit für uns hatten. Im Parterre des Hauses war der Laden. Manchmal habe ich mich dort ins Schaufenster gelegt, zwischen die Wollknäuel. Ich fand das gemütlich. Als mein Vater seine Promotion abgeschlossen hatte, zogen wir nach Rom. Vater war sehr intellektuell. Wegen seines ausgeprägten Bildungsticks habe ich ihn immer als so etwas empfunden wie heute das dritte Programm. Doch ein Fernseher kam ihm nicht ins Haus. Die Sonntage gehörten Proust, russischen Pianisten oder so.

Aus Rimini wegzugehen schmerzte. Noch schmerzhafter war es aber, von Rom nach Hannover zu ziehen. Meine Eltern hatten sich getrennt, und in Hannover lebte die Familie meiner Mutter. Für mich war es die Hölle auf Erden. Ich konnte nur wenig Deutsch, war an Rom gewöhnt und kam in eine Stadt, deren City geprägt war durch Kaufhäuser, nicht durch Kirchen und piazze. Heinemann war Bundespräsident, Willy Brandt hatte gerade seinen triumphalen Wahlsieg gefeiert, sich aber vorhalten lassen müssen, ein uneheliches Kind zu sein. Eine barbarische politische Kultur. Und wenn meine deutsche Großmutter in ihrer Wohnung schlecht über die Nazis redete, senkte sie die Stimme, weil sie Angst hatte, dass die Nachbarn es mitkriegen.

Ich war 15 und gerade zum Schülersprecher gewählt worden, als ein Oberstudienrat, der mich nicht einmal persönlich kannte, vor versammelter Klasse erklärte: »Di Lorenzo – diesen Itaker sollte man aufhängen.« Der Schulleiter stellte den Lehrer zur Rede, zog aber keine weiteren Konsequenzen, weil er um den Ruf seiner Schule fürchtete. Der einzige Vorfall dieser Art, aber ich habe ihn mir gemerkt. Das Ratsgymnasium war stockkonservativ und ich sehr aufsässig, mit Haaren bis zu den Hüften. Man hat meiner Mutter nahe gelegt, mich von der Schule zu nehmen. Im Grunde genommen der pädagogische Offenbarungseid vieler Lehrer dort, die mit uns Schülern nicht umgehen konnten, uns als Feinde ansahen.

In der 11. Klasse wechselte ich an eine linke Musterschule mit Biotop und kiffenden Lehrern. Genau das Richtige, könnte man meinen. Aber dort ließ ich mir die Haare schneiden und tauchte mit Fiorucci-Jeans auf. Das galt einigen Genossen als Verrat an allen Idealen und war meine Reaktion auf den Linkskonformismus an der Schule. Bis heute nicht vergessen habe ich einen Lehrer namens Both, der zu einer unglaublich friedensbewegten Schülerin sagte: »Frau Visser, wenn Sie diskutieren wollen, gehen Sie doch lieber in eine Diskothek.« Both war ein Poltergeist und mir fremd wie ein Marsmensch, aber für diesen rebellischen, nonkonformistischen Satz habe ich ihn in der Minute geliebt.

An dieser Schule, an der man links zu sein hatte, gab es einige ganz üble rechtsradikale Gesellen. Im Kunstunterricht zeichnete einer von ihnen ein KZ und sagte zu einem Klassenkameraden, der sich gegen AKWs engagierte: Da kommst du rein. Klar, das meiste war pubertärer Protest. Wie konnte man Lehrer, die mit Schülerinnen rumknutschten, überhaupt noch provozieren? Eben dadurch! Aber die Lehrer haben die rechtsradikalen Parolen ignoriert. Für mich eine Urerfahrung: Weil man ihnen keine Grenzen setzte, konnten diese Gesellen so dreist werden.

Abgesehen davon, war es an der Tellkampf-Schule sehr lustig. Kurz vorm Abitur mussten wir ein Berufspraktikum machen. Ich hatte mich nicht rechtzeitig gekümmert und bekam das, was übrig blieb: ein Praktikum bei der »Hannoverschen Neuen Presse«. In meiner Familie gab es zwei Psychoanalytiker, das wollte ich auch werden. Oder Manager. An Journalismus hatte ich nie gedacht. Ich wurde in das Ressort Kultur, Fernsehen, Unterhaltung gesteckt, das damals Michael Radtke leitete. Ihm habe ich viel zu verdanken. Er nahm mich unter die Fittiche und machte sich die Mühe, mir meine Texte um die Ohren zu hauen. Drastischer ging es nicht. Aber mit der Grundhaltung: Ich finde dich gut. Gleich am zweiten Tag meines Praktikums ließ er mich eine Platte von Angelo Branduardi rezensieren. Ich weiß noch, wie ich mit meinem schrottreifen Fiat 127 abends nach Hause gefahren bin und mir sagte: Ich möchte nie wieder etwas anderes machen als Journalismus! Als meine Mutter kurz nach meinem 18. Geburtstag zurück nach Italien ging, blieb ich in Hannover. Ich hatte mich entschieden: Meine Heimat ist die deutsche Sprache.

Aufgezeichnet von Dorothée Stöbener

Helmut Schmidt,
1932

Helmut Schmidt, Politiker und Publizist
Zum Denken erzogen

Helmut Schmidt, Jahrgang 1918, war von 1974 bis 1982 Bundeskanzler. Seit 1983 ist der gebürtige Hamburger einer der Herausgeber der Wochenzeitung »Die Zeit« und ein international gefragter Gesprächspartner und Kommentator. Der »Macher und Moralist« (Theo Sommer) gehört dem Interaction Council früherer Regierungschefs an und war zehn Jahre lang dessen Vorsitzender. Schmidt ist Ehrensenator der Max-Planck-Gesellschaft. Seine musische Begabung bewies er unter anderem schon bei öffentlichen Auftritten am Klavier und an der Orgel und zehn Jahre lang als eine von »fünf international bekannten Persönlichkeiten«, die die Jury der japanischen Stiftung »Prämium Imperiale« beraten.

Ich habe in meiner Schulzeit manches gelernt, was mir mein Leben lang gute Dienste erwiesen hat. Die vier Grundschuljahre von 1925 bis 1929 haben mich kaum beeinflusst. Aber die Lichtwark-Schule hat mich schon geformt. Sie nannte sich »Deutsche Oberschule« und trug den Namen Alfred Lichtwarks, der Ende des 19. Jahrhunderts die Hamburger Kunsthalle geleitet hatte. Sein Name war Programm, denn die musischen Fächer, Musikerziehung und Kunsterziehung, wurden ganz groß geschrieben. Dabei ging es weniger um Theorie als darum, zu singen und zu musizieren, Theater zu spielen und zu malen oder zu zeichnen. Die Schule hatte zwei Orchester, ein oder zwei Chöre. Mein Interesse für die Musik und für die bildende Kunst hat in der Lichtwark-Schule einen entscheidenden Anstoß bekommen. Von den Naturwissenschaften lässt sich das nicht sagen, denn sie wurden dort eher vernachlässigt. Das gilt leider auch für die Fremdsprachen; so habe ich nur Englisch und ein wenig Latein gelernt.

Die wahrscheinlich wichtigste Mitgift der Lichtwark-Schule aber war die Selbstständigkeit, zu der sie erzog. Wir lernten, was damals an deutschen Schulen sicher nicht die Regel war: kritisch und selbstständig zu denken. Dazu dienten besonders die so genannten Jahresarbeiten. Jeder Schüler und jede Schülerin (die Schule war koedukativ, auch eine Seltenheit im damaligen Deutschland, mir selber hat dies die Chance gegeben, meine spätere Frau Loki kennen zu lernen, denn wir gingen in eine Klasse) musste sie schreiben. So habe ich als Tertianer, also mit 13 Jahren, eine Arbeit über die Weser-Renaissance verfasst. Ein oder zwei Jahre später war die Konkurrenz zwischen den Höfen Rotterdam, Antwerpen, Bremen und Hamburg mein Thema. Ganz andere Anforderungen stellte dann wiederum eine spätere Jahresarbeit, für die ich zwanzig Kirchenlieder in vierstimmigen Choralsatz setzen musste. All diese Themen wurden nicht oktroyiert, sondern gemeinsam mit den Lehrern festgelegt und sodann selbstständig bearbeitet.

Wir haben immer miteinander debattiert, der Unterricht glich oft Diskutierrunden. Auch diese freie Aussprache war den Nazis natürlich ein Dorn im Auge. Sie haben die Lichtwark-Schule 1937 aufgelöst; zugleich mussten wir vorzeitig Abitur machen. Im Herbst des Jahres war ich bereits Soldat. Nach einem Einsatz an der Ostfront diente ich in einem nachgeordneten Stab des Oberkommandos der Luftwaffe, der für die Überprüfung und Einführung neuer Flak-Waffen zuständig war, und hatte erneut das Glück, etwas zu lernen, was mir später von Nutzen war. Meine Aufgabe bestand hauptsächlich darin, Ausbildungs- und Schießvorschriften für neue Maschinenwaffen zu verfassen. Das musste sorgfältig, preußisch vonstatten gehen und war mit viel Schriftverkehr verbunden. Immerhin habe ich dabei erfahren, wie eine Bürokratie funktioniert. Von diesem Wissen konnte ich bei meiner späteren politischen Tätigkeit viel profitieren.

Wichtige Erkenntnisse ganz anderer Art habe ich in britischer Gefangenschaft gewonnen. Wir kampierten auf belgischem Boden, unter freiem Himmel, hatten nichts zu essen und sahen einer ungewissen Zukunft entgegen. Um keine Verzagtheit aufkommen zu lassen und die bleiernen Tage zu nutzen, haben wir – wie das in vielen deutschen Gefangenenlagern geschah – eine Art Lehrbetrieb aufgemacht. Mehrere von uns hielten Vorträge; ich redete über eine Sitzung des berüchtigten Volksgerichtshofes, zu der ich als Zuschauer abkommandiert worden war. Von denen, die vortrugen, beeindruckte mich ein Mann besonders, der etwa 20 Jahre älter war als ich, ein Oberstleutnant der Reserve, hoch dekoriert, Ritterkreuz, wahrscheinlich sogar mit Eichenlaub.

Vor dem Krieg hatte Hans Bohnenkamp als Professor

Pädagogik gelehrt. Jetzt analysierte er für uns junge Zuhörer aus einer christlichen und sozialen Grundhaltung heraus, was in den vergangenen Jahren an Furchtbarem geschehen war, und sprach darüber, wie sich Deutschland verändern müsse. Bohnenkamp hat mir beigebracht, was Demokratie und Rechtsstaat bedeuten. Unter seinem Einfluss bin ich im Gefangenenlager zum Sozialdemokraten geworden. Nach dem Krieg wirkte Bohnenkamp an den Pädagogischen Hochschulen in Lüneburg und Osnabrück. Er zählte, hoch geachtet, zu den Reformern des deutschen Bildungswesens während der fünfziger Jahre. Professoren wie er sind mir an der Hamburger Universität, wo ich nach der Entlassung aus der Gefangenschaft studierte, nur wenige begegnet. Dem erwachsenen Mann und Kriegsteilnehmer Schmidt kamen einige von ihnen eitel und aufgeblasen vor. Das Studium der Volkswirtschaft habe ich denn auch nicht ganz ernst genommen. Immerhin habe ich es mit einer Diplomarbeit »Die japanische Währungsreform 1946 und die deutsche Währungsreform 1948 – ein Vergleich« erfolgreich abgeschlossen.

Wenn ich heute gefragt werde, wer oder was mich in meinem Leben am stärksten geprägt hat, muss ich die Antwort schuldig bleiben. Ich kann aber sagen, dass ich beim Lernen viel Glück gehabt habe. Ich konnte eine Schule besuchen, die mich selbstständiges Denken gelehrt und an die Kunst herangeführt hat; ich habe in der Wehrmacht Vorgesetzte gehabt, die keine Nazis waren und mir gedanklichen Freiraum ließen; während der Kriegsgefangenschaft traf ich den Menschen, der mir eine neue politische Welt eröffnete, und ich durfte mit Staatsmännern wie Fritz Erler und Jean Monnet zusammenarbeiten, die mir in der Politik zum Vorbild wurden. Dies alles waren Glücksfälle für jemanden wie mich, dessen Lehrjahre in sehr unruhige Zeiten fielen.

Aufgezeichnet von Dieter Buhl

Sigmar Gabriel, 2000

Sigmar Gabriel, Ministerpräsident
Wenn's knallt und stinkt

Sigmar Gabriel, Jahrgang 1959, übernahm 1999 von Gerhard Schröder das Amt des Regierungschefs in Niedersachsen. Er ist der jüngste Ministerpräsident in Deutschland und gilt als einer der kommenden Männer der Sozialdemokraten. Dabei überrascht der Goslarer vor allem mit seinen bildungspolitischen Offensiven nicht nur den politischen Gegner, sondern auch die eigene Partei. So forderte er etwa Studiengebühren für Langzeitstudenten und die Abschaffung der Orientierungsstufe an den Schulen. Der Stürmer und Dränger ist indes auch ein Realo in der SPD. Am Rande des SPD-Parteitags 2001 in Nürnberg gehörte Gabriel zu den Gründungsmitgliedern der »Nürnberger Mitte«, einer neuen Gruppe, die in der Partei mehr Pragmatismus durchsetzen will.

Fast wäre ich auf der Sonderschule gelandet. In der fünften Klasse, auf der Realschule, brach alles über mir zusammen. Die Trennung meiner Eltern und ein siebenjähriger Sorgerechtsprozess hatten mich ziemlich durcheinandergebracht. Es gab damals recht verrückte Ereignisse. So wurde ich einmal mitten aus dem Unterricht heraus zum Gericht gebracht, um im Prozess auszusagen. Ich lernte viele Gutachter kennen. Die fragten zum Abschluss immer: »Na, wohin willst du denn? Zu deinem Vater oder zu deiner Mutter?« Das empfand ich immer eher als Inquisition. Obwohl ich eigentlich kein schlechter Schüler war, sackten meine Leistungen so ab, dass eine Lehrerin empfahl, mich auf die Sonderschule zu schicken. Doch dazu kam es nicht. Meine Mutter erhielt das Sorgerecht; bald darauf war ich einer der Besten in der Klasse.

In ausgesprochen guter Erinnerung habe ich die Grundschulzeit in Goslar. Mein Lieblingsfach war Heimatkunde. Das war sehr interessant in einer Stadt, in der schon ein Reichstag tagte, bevor man in Berlin das Wort überhaupt schreiben konnte. Falls ich meinen Job loswürde, könnte ich dort problemlos als Stadtführer anfangen. Am Ende der Grundschule empfahl mich meine Klassenlehrerin fürs Gymnasium. Mein Vater jedoch entschied, dass die Realschule reiche, schließlich sei er auch nur Beamter geworden. Als ich 1969 auf die Realschule kam, hieß sie noch Mittelschule für Knaben. Das Klima in dieser Jungengesellschaft war recht rustikal; Prügeleien gehörten zum Alltag. Vor jungen Lehrern hatten wir damals überhaupt keinen Respekt, die waren nett, aber hilflos. Richtig angestrengt haben wir uns nur bei den Älteren. Viel Spaß hat der Chemieunterricht gemacht. Ein Lehrer beschrieb das Fach wie folgt: »Chemie ist, was knallt und stinkt.« Manchmal haben wir das frisch erworbene Wissen gleich umgesetzt: wenn etwa der Lehrer erklärt hat, wie man Schwefelwasserstoff, also Stinkbomben, herstellt. Ich war ein recht guter Realschüler und durfte nach der zehnten Klasse in die zehnte Klasse des Gymnasiums wechseln. Eine Lehrstelle als Chemielaborant hatte ich schon in der Tasche, aber meine Mutter wollte mir die Chance zum Abitur geben.

Auf dem Gymnasium erlebte ich dann einen regelrechten Kulturschock. Erstmals kam ich in eine gemischte Klasse. Und schlagartig spielten Prügeleien keine Rolle mehr. Stattdessen stellten wir Jungs fest, dass man mit Mädchen mehr tun kann, als ihnen an den Haaren zu ziehen. Sorgen machten mir meine schlechten Französischkenntnisse. Denn so hervorragend der naturwissenschaftliche Unterricht an der Realschule war, so miserabel war der Sprachunterricht. Dank der Oberstufenreform konnte ich Französisch abwählen. Heute bedaure ich das, weil mein Französisch gerade ausreicht, um in Frankreich im Restaurant nicht zu verhungern.

Mit 15 lernte ich die Falken kennen, den sozialdemokratischen Kinder- und Jugendverband. Dort habe ich sehr viel über Pädagogik und Politik gelernt. Wer ein Zeltlager mit 400 Kindern und 150 Jugendlichen geleitet hat, den kann nichts mehr erschüttern. Wenn da ein Klo verstopft ist, kann man keinen Arbeitskreis gründen, sondern muss es notfalls eigenhändig frei bekommen. Durch die Arbeit mit Jugendlichen wurde mein Interesse für den Beruf des Lehrers geweckt. Ich studierte in Göttingen Germanistik, Soziologie und Politik für das Lehramt. Nie vergessen werde ich die Vorlesungen von Ernst-August Roloff, der politische Didaktik lehrte. Um uns den Marxismus, die Psychoanalyse und in der Folge die Frankfurter Schule zu erklären, inszenierte er eine fiktive Begegnung zwischen Sigmund Freud und Lenin – und spielte beide Rollen. Er war einer der besten Hochschullehrer, die ich kennen gelernt habe.

Das Wichtigste, was ich an der Universität gelernt habe, war, in der politischen Analyse schonungslos zu sein, auch dann, wenn's weh tut. Wie heißt es so schön bei Rosa Luxemburg? »Zu sagen, was ist, ist und bleibt die revolutionärste Tat.« Bei den Falken hatten wir ein eher romantisches Bild von der Arbeiterjugend und haben mit Inbrunst die Kampflieder von früher gesungen. Das ist auch schön, das wärmt das Herz. Aber im 21. Jahrhundert darf man sich kein folkloristisches Verhältnis zur Arbeiterbewegung leisten; das führt auf falsche Pfade. Im Studium habe ich mich dann intensiv mit dem politischen Bewusstsein von Jugendlichen befasst. Da wurde mir klar, dass sich die Arbeiterjugend verändert hatte, dass sich die traditionellen Milieus aufgelöst haben – und damit auch die alten ideologischen und politischen Bindungen verloren gegangen sind. Mein Lehrerstudium habe ich 1988 mit einem recht guten Examen abgeschlossen. Ich wäre gern Lehrer geworden, doch damals hatte die CDU-Landesregierung einen Einstellungsstopp beschlossen. Deshalb wurde ich Dozent in der Erwachsenenbildung und dann Landtagsabgeordneter. Die CDU in Niedersachsen hätte sich viel ersparen können, wenn sie mich damals eingestellt hätte.

Aufgezeichnet von Thomas Kerstan

Roger Willemsen,
1959

Roger Willemsen, TV-Moderator
Mann mit Eigenschaften

Roger Willemsen, Jahrgang 1955, studierte in Bonn, München, Florenz und Wien Germanistik, Philosophie und Kunstgeschichte und arbeitete als Nachtwächter, Reiseleiter und Museumswärter. Seine Dissertation schrieb er über Robert Musil, die Habilitation über den »Selbstmord in der Literatur« brach er ab. Er arbeitete als Übersetzer (u.a. von Umberto Eco), Herausgeber, freier Autor und Korrespondent für Rundfunkstationen und Zeitungen. 1991 entdeckte ihn der Pay-TV-Sender Premiere für das Interview-Magazin »0137«. Willemsen avancierte zu einem der erfolgreichsten TV-Moderatoren und erhielt 1993 den Grimme-Preis in Gold. Von 1994 bis 1998 moderierte er für das ZDF die Interview-Sendung »Willemsens Woche«. 2001 kündigte der Wahlhamburger und Kolumnist der »Woche« an, seine Fernsehkarriere aufzugeben – wegen der Kulturfeindlichkeit des Mediums. Und, weil er sich selbst »nicht peinlich werden« wolle.

Mein Vater sagte zu uns Kindern immer: »Ihr endet alle an der Tankstelle.« Ich hatte eine so hohe Meinung von seiner Erkenntnisfähigkeit, ich sah mich wirklich jenseits der 20 in einem Aral-Anzug an der Zapfsäule stehen. Mein Vater starb, als ich leider lange Haare und sehr schlechte Schulnoten hatte. Er hat nicht mehr erlebt, dass ich nicht an der Tankstelle gelandet bin. Mein erster Berufswunsch war, Diener meines Vaters zu sein. Das wäre die Schule des Lebens gewesen, weil er, Maler und Kunsthistoriker, versuchte, Dinge durch unmittelbare sinnliche Anschauung zu vermitteln. Ich bin mit ihm von Dorfkirche zu Dorfkirche gegangen, dazwischen haben wir Pilze gesucht. Dieses direkte Lernen aus dem Konkreten habe ich von meinem Vater. Die zweite Quelle war Literatur. Ich habe uferlos gelesen. Aus diesem verdichteten Leben guckte ich dann und wann raus und stellte fest, dass es auch noch Kloppereien hinter der Brombeerhecke gab und dass meine Mitschülerin zur Linken ein rosaweißes Kleidchen anhatte, das nett roch.

Im Gymnasium war ich Schülersprecher und furchtbar schlecht. Ich war faul, habe immer alles anders gemacht und bin hinter Schülerzeitung, SMV und Frauen hergewesen. Einmal bekam ich einen Tadel, weil ich meine Freundin geküsst hatte. Ich sagte zum Direktor: »Ich bin mir keiner Schuld bewusst.« Da meinte er in einer wunderbaren Logik: »Ich werde Ihnen einen Tadel geben. Daran können Sie sehen, dass Sie sich verfehlt haben.« Ich habe ihn gebeten, auf den Tadel genau zu schreiben, wofür ich ihn bekomme. Er schrieb: »Sehr geehrter Herr Willemsen, Ihre Tochter Roger« – sie hatten das Falsche ausgestrichen – »wird mit 1 Tadel bestraft, weil sie den Schülern des Helmholtz-Gymnasium« – schwerer Grammatikfehler! – »das Schauspiel bot, dass er die Schülerin Anetta« – sie hieß Anette – »Böhm umarmte, mit ihr schmuste und sie küsste.« Diesen Tadel kopierten wir dann und klebten ihn auf Litfaßsäulen.

Mein Vater starb, als ich 15 war. Wenn wir drei Kinder nach Hause kamen, war meine Mutter arbeiten, wir kochten selbst. Es war ein aufgelöstes Leben. Bis zur Oberstufe blieb ich zweimal hängen. Eine Zeit lang musste ich auf ein Internat an der Nordsee, ein ehemaliges Seemannsheim, wo wir uns mit den Matrosen kloppten, weil wir für die das dreckige Elitepack waren.

In den künstlerischen und sprachlichen Fächern war ich immer gut, Deutsch war meine Domäne, Mathematik lost case. Ausgerechnet das allerschönste Fräulein war meine Lehrerin. Bei der letzten Arbeit schrieb ich auf das Löschblatt: »Die lange Nacht nimmt ein Ende.« Sie schrieb darunter: »Meinen Sie damit etwa die Mathematik?« Ich machte Abitur mit Schnitt 2,1. Vor kurzem war ich beim 25-jährigen Klassentreffen. Ausgerechnet meine Deutscharbeit war geklaut! Und in meiner Englischarbeit waren zwei Fehler angestrichen, die beide keine sind!

Nach dem Abitur begann ich in Bonn mit Linguistik, Mediävistik und Neuerer Deutscher Literaturwissenschaft. Nach drei Semestern wollte ich in Wien weiterstudieren, fand als Ausländer aber kein Zimmer. Das hat mein ganzes Leben entschieden. Ich ging nach Florenz und bekam nach einem Jahr am kunsthistorischen Institut einen Forschungsplatz. Ich zog in ein Kloster, wo ich zum zweiten Mal »Mann ohne Eigenschaften« las, über den ich später promoviert habe. Währenddessen habe ich zweieinhalb Jahre lang als Nachtwächter gearbeitet. Das war die zweite große Schule des Lebens. Am Ende des Studiums sagte ich mir: »Ich will nicht abschließen, ohne begründen zu können, wozu es auf der Welt Kunst geben soll. Ich suche mir den klügsten Autor, der darüber geschrieben hat und schreibe über den.« Das war Robert Musil, den ich nicht liebte, aber immens respektierte. Ich ging nach München, wo die Robert-Musil-Forschung war, und setzte mich dort mit Ästhetik, Literaturtheorie, Literaturkritik und Rezensententum auseinander. Meine Dissertation, eine 500-Seiten-Arbeit, hat mir all jenen Lehrern gegenüber sehr viel bedeutet, die so lange versucht hatten zu verhindern, dass ich Abitur mache.

Heute habe ich das Gefühl, dass ich fast alles, was ich mir aneigne, sofort wieder reproduziere. Ich würde gern das Lernen selbst wieder erlernen, schauen, wie gut der Kopf darin ist, sich eine komplett neue Materie zu erarbeiten. Stereotypes, totes Anhäufen von Schulwissen hat mich bis ins Studium hinein immer wieder aufgebracht. Ich habe mal eine Linguistikdozentin komplett aus der Kurve geworfen mit der Frage: »Bevor Sie anfangen, mir die integrative Generationsgrammatik zu erklären, sagen Sie mir nur: Was ist der Sinn?« Wenn ich etwas gelernt habe, dann ist es, keine Didaktik zu haben, die unabhängig von der Leidenschaft ist. Natürlich habe ich während der Gymnasiumszeit unter meinen schlechten Noten gelitten, weil das fatal ist bei den Frauen. Es war unsexy, eine Flasche zu sein. Die Frau, in die ich so verliebt war, mit der ich eingeschult worden war, machte zwei Jahre vor mir Abitur! Für die war ich nicht mehr begierdefähig. Da musste ich erst ins Fernsehen kommen, damit ich da wieder anklopfen konnte.

Aufgezeichnet von Sigrid Neudecker

Katja Lange-Müller, 2000

Katja Lange-Müller, Schriftstellerin
Die Frechheit vorm Feind

Katja Lange-Müller, Jahrgang 1951, hätte als Funktionärskind eine DDR-Vorzeige–Biografie haben können. Doch die gelernte Schriftsetzerin und Absolventin des Johannes R. Becher Literaturinstituts in Leipzig war in der DDR immer eine Außenseiterin. 1976 unterschrieb sie die Petition gegen die Ausbürgerung von Wolf Biermann und übersiedelte 1984 nach West-Berlin, wo sie sich als Schriftstellerin einen Namen machte: mit Erzählbänden wie »Kasper Mauser – Die Feigheit vorm Freund« (Ingeborg-Bachmann-Preis 1986), »Verfrühte Tierliebe« (Alfred-Döblin-Preis 1995) und mit ihrem ersten Roman: In »Die Letzten« (2000) erzählt sie von der skurrilen Belegschaft einer ostdeutschen Privatdruckerei. 2002 wohnte Lange-Müller im Renaissanceflügel des Mainzer Gutenberg-Museums: als Stadtschreiberin. Die Auszeichnung erhielt sie für ihr literarisches Gesamtwerk.

Mutters braunen Koffer habe ich noch genau vor Augen. Ich war sechs Jahre alt, als sie vom Studium an der Parteihochschule in Moskau zurückkehrte und auspackte: Für mich gab es einen Pelzmantel aus Karnickelfell und von meinem Vater eine gescheuert – weil ich mich über den Mantel nicht freute und damit das verordnete Familienidyll störte. Mit diesen Menschen, die ich kaum kannte, wollte ich nicht zusammenwohnen. Die Jahre zuvor verbrachte ich, die Sonntage ausgenommen, in einem Wochenkindergarten im Baumschulenweg in Berlin. Die Pflege meiner drei Jahre jüngeren Schwester, die einen angeborenen Hüftfehler hatte, übernahm Großmutter, war damit aber ausgelastet. Der Leiter des Wochenkindergartens war ein freundlicher alter Knabe. Weil er fand, wir Kinder hätten es schwer genug, durften wir sogar Tiere halten. Mir gehörte ein Kaninchen; mit ein Grund, warum ich den Mantel nicht anzog. Zu Hause bei meinen Eltern fühlte ich mich nie wohl. Sie stritten oft. Vater, einer von vier stellvertretenden Intendanten des DDR-Fernsehens, reagierte schnell mit Prügeln, und ich hasste ihn dafür. Das Sagen hatte meine Mutter, die ich eigentlich liebte. Sie war eine bekannte Parteifunktionärin, ruppig und auch widersprüchlich: Gegen die Fasson nähte sie uns recht verwegene Kleider.

Ich war kein angenehmes Kind. Was meine Eltern gut fanden, hielt ich automatisch für das Letzte. Auch in der Schule eckte ich ständig an, zunächst bei meiner Deutschlehrerin in der ersten Klasse. Sie trug schreckliche gelbe Seidenpikeeblusen mit Schalkragen und zwang mich, rechts zu schreiben, obwohl mir als extremer Linkshänderin dabei oft der Stift ausrutschte oder zerbrach. Als sie mir wieder einmal den Schreiber aus der Linken ziehen wollte, biss ich ihr in die Hand. Wegen des Schreibens und wegen meines Betragens schaffte ich nur knapp die Versetzung in die zweite Klasse.

Ständig log ich, konnte keine Geschichte zweimal in derselben Version erzählen, war aggressiv und stur. Mit sieben schnitt ich mir mit einer Nagelschere die Augenbrauenhaare, behauptete aber, alles sei wie immer. Mutter zerrte mich vor den Spiegel, doch ich blieb bei meiner Aussage. Dann müsse die Polizei entscheiden, wollte sie mich zum Einlenken bringen. Erst im Flur des Reviers gab ich zu, ein paar Brauenhaare seien wohl weg. Auch meine Herkunft brachte mich ins Kreuzfeuer. Wurde ich in Geschichte abgefragt, hieß es: Normalerweise ist das eine Zwei. Weil du es als Tochter einer hohen Funktionärin noch besser wissen müsstest, kriegst du eine Drei.

Ich war zehn, als Olga Strub aus Basel in unsere Parallelklasse kam, das erste Mädchen in Bluejeans, das ich kannte. Ihr Vater war Bühnenbildner und nach Ost-Berlin gezogen, weil er als Kommunist in der Schweiz Berufsverbot hatte. Olga war ein Rattengewitter wie ich, fand sich auch schwer zurecht und war meine beste Freundin. Meist trafen wir uns bei ihr zu Hause, wo wir – anders als bei mir – in Ruhe reden und Knorr-Aromat schlecken konnten; ihre Eltern mochten mich sogar.

Kurz vor dem Abschluss flog ich von der Polytechnischen Oberschule in Friedrichshain. Eine Mitschülerin petzte, dass ich und ein paar andere mit unserem Chemielehrer, einem ebenfalls wegen Berufsverbots versprengten Kommunisten aus dem Ruhrgebiet, im Unterricht über Politik diskutiert und unerwünschte Bemerkungen über Walter Ulbricht gemacht hätten. Ich sollte mich vor dem Pädagogischen Rat entschuldigen, doch als ich Tränen in mir aufsteigen fühlte, wählte ich den umgekehrten Weg und beschimpfte die Kommission. Zum Glück kannte ich aus einem Ferienlager einen Schulleiter, der mich an seiner Schule den Abschluss machen ließ.

Mit 17 konnte ich endlich von zu Hause ausziehen, in eine schwarz besetzte Wohnung im Scheunenviertel. Ich lernte Schriftsetzerin, weil mir mit meinen schlechten Noten kaum anderes übrig blieb. Innerlich verlor ich immer mehr an Halt, unterzog mich schließlich einer Therapie und arbeitete danach als Hilfsschwester in der Psychiatrie. Nun fand ich erstmals sinnvoll, was ich tat, und hatte Erfolgserlebnisse. Nebenbei schrieb ich kleine Geschichten, und eines Tages präsentierte mir Wolfgang Müller, damals mein Mann, die Zusage für einen Studienplatz am Literaturinstitut in Leipzig. Er hatte ihn mit gefälschter Unterschrift in meinem Namen und ohne mein Wissen beantragt. Zuerst war ich verärgert, zog dann aber 1979 doch nach Leipzig und studierte drei Jahre lang mehr schlecht als recht. Dass ich den Platz bekam, verdanke ich auch einem Irrtum der Stasi, die eine Akte über mich führte, seit ich 14 war, aber zu spät erkannte, dass Katja Lange mit Katja Müller identisch war. Wohl um mich zu zermürben, zwang man mich, mein einjähriges Pflichtpraktikum in der Mongolei zu machen. Später wurde mir nahe gelegt, einen Ausreiseantrag zu stellen. Die Übersiedlung 1984 in den Westen wurde zum Befreiungsschlag. Ich brachte mich neu zur Welt, war die Bürde der Funktionärstochter los, ließ das Lügen, begann zu verschweigen. Schreiben wurde zu dem Beruf, den ich nun übe, ausübe.

Aufgezeichnet von Marlis Prinzing

Artur Fischer, 2001

Artur Fischer, Erfinder und Unternehmer »Mach doch mal einen Motor«

Artur Fischer, Jahrgang 1919, ist Erfinder, Techniker und Unternehmer. Seinem Lebenswerk ist ein Kapitel der ständigen Ausstellung im Deutschen Museum München gewidmet. Bekannt wurde sein Name vor allem durch den von ihm entwickelten Modellbaukasten »Fischertechnik«. Aber auch den Spreizdübel oder das Blitzlicht hat er erfunden. Fischer sammelt Ehrungen wie Patente, von denen er 5500 hat, vermutlich Weltrekord. Die Fischer-Werke in seinem Geburtsort Tumlingen beschäftigen heute rund 3 300 Mitarbeiter weltweit. Vor über 20 Jahren hat Artur Fischer das Unternehmen an seinen Sohn weitergegeben. Er selbst sponsert junge Erfinder und kümmert sich um die Marktreife neuer Produkte, 2001 etwa um »Artur Fischer TIP«, ein Spielzeug aus Kartoffelstärke.

Nie hatte ich den Eindruck, aus ärmlichen Verhältnissen zu stammen. Verglichen mit den Bauern im Dorf besaßen wir zwar kein großes Vermögen. Doch es fehlte uns an nichts. Mein Vater hatte eine kleine Schneiderwerkstatt. Er machte drei bis vier Anzüge im Jahr. So ein Anzug kostete 18,50 Mark, mit Stoff und Futter. Dafür saß er lange auf dem Tisch. Von meinem Vater bin ich sehr streng erzogen worden. Als ich nach Stuttgart in die Schlosserlehre kam, hatte ich grauenhaftes Heimweh. Man durfte nur alle vier Wochen nach Hause. Meinen Eltern schrieb ich, dass ich schon früher kommen will, und ich wäre Tag und Nacht marschiert, um zu Hause zu sein. Aber mein Vater schrieb mir postwendend eine Karte, dass er mich mit meiner Persil-Schachtel, woraus mein Gepäck bestand, gleich wieder zurückschicken würde. Für mich war das ein Schock, und ich fragte meine Mutter: »Ist das ein Vater?« Und meine Mutter sagte: »Bub, das begreifst du erst später.« Mein Vater hatte Recht. Die Episode wurde für mein Leben entscheidend. Man darf schwierigen Aufgaben nicht aus dem Weg gehen.

Am meisten geprägt aber hat mich meine Mutter. Sie hat mir und meinem Bruder die Seele mitgegeben. Meine Mutter war eine Pietistin. Aber keine mit schrägem Kopf, keine Frömmlerin also. Den Bauern hier hat sie viel geholfen. Sicher prägte mich auch die schwäbische Erziehung, schlichtweg anständig zu bleiben, fleißig und brav zu sein und dass man es zu etwas bringen muss. Man muss sich vor Augen halten, dass ich im ersten Fünftel des vergangenen Jahrhunderts geboren wurde. Die Möglichkeiten, vorwärtszukommen, waren nicht so groß. Aber wenn man mit Energie und Freude bei der Arbeit ist, Lust am Neuen hat und den Willen, Produkte zu entwickeln, die anderen auch wirklich nützen, geht nichts schief.

In der Grundschule haben wir Disziplin gelernt. Da kam der Stock. Ich war kein schlechter Schüler und kein guter. Mir lag immer das, was man verändern konnte, durch Anfassen, durch Arbeit. Kreativität, von der heute viel geredet wird, wurde aus der Not geboren. Die Kinder von damals waren Bastler. Ich habe zum Beispiel versucht, aus Brettern Skier zu zimmern, weil wir die nicht hatten. Für mich war es ein großer Erfolg, als ich die Aufnahme in die Realschule nach Dornstetten bestand. Jeden Tag musste ich um fünf Uhr aufstehen. Die sechs Kilometer zur Schule ging ich im Winter zu Fuß, im Sommer fuhr ich mit dem Fahrrad. Das gab gesunde Lungen. In Dornstetten habe ich einen tollen Lehrer gefunden. Er sagte zu mir: »Mach doch mal einen Motor.« Die Mutter half mir bei den Wicklungen. Und der lief. Oder ich baute ein Aquarium. Die Röhren für die Heizung holte ich beim Apotheker und habe den Preis um die Hälfte heruntergehandelt. Das war meine erste kaufmännische Handlung.

Meine Eltern mussten sich für meinen Realschulbesuch ganz schön krumm legen. Sie zahlten 26,40 Mark Schulgeld. Das waren eineinhalb Anzüge. Meine Mutter fing an und lernte Kragen bügeln, und ich trug sie aus. Das machte ich drei Jahre mit. An einem Sommertag sah ich in der Stube, dass sie einen ganz dicken Arm hatte vom Bügeln. »Mama, das hört auf«, sagte ich, und mein Vater sagte eisern: »Sofort in die Lehre!« Meine Mutter traf eine Frau auf der Straße, die ihr von einer Annonce in der Zeitung erzählte: »Kunstschlosserei sucht Lehrling aus christlichem Hause.« Mein Vater fuhr sofort nach Stuttgart. Als ich dann selbst nach Stuttgart kam, sagte der Lehrherr bei der Ankunft: »Klein habe ich mir dich schon vorgestellt, aber so klein nicht.« Zum Feilen stand ich auf einer Kiste, aber das hat sich alles gegeben. Das Heimweh hat sich erst gelöst, als ich beim Reichsberufswettkampf

Sieger für den hiesigen Bereich wurde und als Austauschlehrling nach Oberhausen kam. Da hatte ich eine Meisterin, das war eine richtige Mutter, und da hatte ich's gut.

Mein großes Ziel war Ingenieur. Ich begann im Krieg ein Fernstudium, um das Abitur nachzuholen. Aber das hat nicht geklappt. Ich kam nach Stalingrad. Aus zerschossenen Flugzeugen haben wir neue gemacht, so lange, bis der Laden dicht war. Nach dem Krieg habe ich eine Werkstatt gemietet, mit zusammengebettelten Brettern eine Werkbank gebaut und mir einen Schraubstock geliehen. Wem habe ich zu danken? Ich denke, dass diese Frage eine der wichtigsten ist. Einer, der niemandem zu danken hat und niemanden braucht, hat keinen Erfolg gehabt. Erfolg ist nicht nur das Ergebnis von Arbeit, sondern hängt auch mit dem Glauben zusammen. Ich bin mein ganzes Leben geführt worden.

Aufgezeichnet von Hans-Volkmar Findeisen

John von Düffel, 2000

John von Düffel, Dramaturg und Autor »Das lyrische Ich auf dem Heimweg«

John von Düffel, Jahrgang 1966, beendete sein Studium der Philosophie, Germanistik und Volkswirtschaft mit 23 Jahren und einer Promotion über Erkenntnistheorie. Er arbeitet seit 1991 als Dramaturg an Bühnen in Stendal, Oldenburg, Basel, Bonn sowie seit 2000 am Hamburger Thalia-Theater und schrieb zunächst für die Bühne. In »Born in the RAF« (1997) und »Rinderwahnsinn« (1999) reflektiert Düffel den Terrorismus. Mit »Vom Wasser« begann der Langstreckenschwimmer seine Prosa-Karriere. Der Roman wurde 1998 beim Ingeborg-Bachmann-Wettbewerb in Klagenfurt mit dem Ernst-Willner-Preis ausgezeichnet. 2001 erschien »Ego«, die Geschichte des Unternehmensberaters Philipp über seine Liebe zu sich und dem perfekten Körper.

Terrorismus begleitet mich nicht erst seit meiner Lesereise durch die USA im September 2001, sondern seit meiner Kindheit. Wir landeten 1969/70 in Londonderry, als in Irland Straßenkämpfe an der Tagesordnung waren. Vater arbeitete als Assistent für Anglistik und Germanistik an der Uni, ich zog mit den Jungs unserer Straße los, warf Steine in die Scheiben der roten Telefonhäuschen und fühlte mich stark. Die irischen Muttis schlugen mit Blechdeckeln an die Hauswände, um uns vor Polizisten zu warnen. Als englische Bobbys eines Tages dennoch bei meiner Mutter klingelten, schüttelte sie ungläubig den Kopf: Ich könne nicht dabei gewesen sein, ich sei erst dreieinhalb. Ich lauschte, versteckt hinter einem Buchsbaum, und mir war mulmig; doch als sie erfuhr, dass es stimmte, reagierte sie so antiautoritär, wie sie auftrat.

Meine Eltern sahen aus wie echte Terroristen, Andreas Baader und Gudrun Ensslin täuschend ähnlich. Ständig trugen sie Sonnenbrillen, sie hatten lange Haare, fuhren einen alten VW Käfer und wurden in Straßenkontrollen oder beim Einchekken am Flughafen besonders lange gefilzt. Manchmal hätte ich lieber normale Eltern gehabt, Ärzte oder so; zuweilen malte ich mir aus, sie hätten wirklich etwas angestellt. Tatsächlich waren sie nur chaotisch. Mal suchten sie die Tickets, mal verpassten wir den Flieger – das ließ mich ganz pedantisch werden, und mit fünf war ich überzeugt: Ich muss mein Ding machen, auf diese Eltern ist kein Verlass. Dass das Selbstüberschätzung war, kam mir nicht in den Sinn; vor allem auf Flughäfen marschierte ich einfach los, bis mich die Eltern aus lauter Hilflosigkeit nur noch in Handschellen mitnahmen.

Wir waren ständig unterwegs oder zogen um. Mein Fixpunkt wurde das Wasser. Wo immer wir landeten, kam ich erst an, wenn ich das Wasser gesehen hatte – ob Fluss oder Schwimmbad. Schwimmen beherrschte ich besser als jeden anderen Sport, und als wir 1979 für ein Jahr in die USA zogen, wurde es zum Überlebensfaktor: Dort entscheidet an der Schule deine sportliche Leistung darüber, wer du bist und ob du dazugehörst; in diesem Wettbewerb konnte ich nur im Wasser bestehen. Beim Langstreckenschwimmen – umschlossen vom Wasser, nur Schwimmbadkacheln im Blick und fernab von Trainerkommandos – spürte ich nur mich und war frei.

Die Zwänge begannen mit der Einschulung in Oldenburg und versetzten mir einen Schock, der bis in die Universitätszeit reichte: Schon die Tatsache, dass wissenschaftliche Arbeiten Formalien genügen mussten, erzeugte in mir größte Widerstände. Da wurde ich meinen Eltern ähnlicher als je zuvor in meinem Leben. Sie wiederum passten sich ab der Schulzeit immer mehr den gesellschaftlichen Erwartungen an. Schlimmstes Fach war Deutsch, Orthografie akzeptierte ich nicht. Sprache ist ein Organismus, kein Regelwerk: Wieso »ungefähr«, nicht »ungefair«? Weshalb konnte ich Worte nicht schreiben, wie ich sie empfand – mal Vokale verdoppeln, mal Konsonanten? Texte wollte ich nicht interpretieren, sondern spüren. Diese ewige Frage, was uns der Autor damit sagen will. Er hatte es doch schon geschrieben. Ergebnis dieser Einstellung: Note Fünf, Versetzung in die elfte Klasse gefährdet und eine Einsicht: Fiel mir zu Eichendorffs Gedicht »Die Mondnacht« ein, dass neulich der Mond wie ein grüner Keks wirkte, behielt ich das für mich, sagte unter weitgehender Ausschaltung meines Gehirns Sätze, die meine Deutschlehrerin hören wollte (also: »Das lyrische Ich befindet sich auf dem Heimweg.«) und bekam bessere Noten.

Nach dem Abitur 1985 in Oldenburg schrieb ich mich in Stirling (Schottland) ein und landete bei der Philosophie, weil ich mir hier nicht erst viel Wissen aneignen musste, um mitzustreiten. In der Kritik der reinen Vernunft stieß ich auf die Stelle, an der Immanuel Kant Raum und Zeit als subjektive Formen der Wahrnehmung beschreibt. Das warf Fragen auf, die mich nicht mehr losließen: Was muss der Mensch leisten, um wahrnehmen zu können, welche sinnliche Dimension steckt dahinter? In Gerold Prauss fand ich einen wichtigen Gesprächspartner. Er war Ordinarius an der Uni Freiburg, an die ich mittlerweile gewechselt war, und wollte ebenfalls mehr als Kantsche Gedanken nur genießen. Ich forschte nach Antworten, drängte, etwas dazu zu sagen, nahm für diesen Diskurs selbst die Regeln des Wissenschaftsbetriebs in Kauf und war mit 23 promoviert. Daneben reizte mich nur noch die Arbeit in Theatergruppen. Hier öffnete sich der Weg in eine zweite Wirklichkeit. Irgendwann begann ich Geschichten zu formen. Zunächst sollten sich meine Sätze über die Präsenz von Körper und Bewegung auf einer Bühne beweisen. Doch der Stoff zu »Vom Wasser« zeigte mir die Grenzen des Mediums. Ich konnte die Mythen aus der Kindheit, die Eigenart des Wassers nicht für die Bühne erzählen. Prosa wurde zur Erlösung. Da kann ich verlangsamen, beschleunigen und andere Perspektiven einnehmen als auf der Bühne. Bei Theatertexten ist mir mittlerweile schnell klar, ob und wie sie funktionieren – dann langweilt das Weiterschreiben. In der Prosa gibt es für mich noch viel zu entdecken.

Aufgezeichnet von Marlis Prinzing

Gerd Harry Lybke, Galerist
Erst Ehrung, dann Ärger

Gerd Harry »Judy« Lybke, Jahrgang 1961, stammt aus Meusdorf bei Leipzig. Er wollte Kosmonaut werden. Nachdem er aber ein Studium in der Sowjetunion abgelehnt hatte, bekam er in der DDR Berufsverbot. Sein Geld verdiente er sich als Aktmodell an der Leipziger Hochschule für Grafik und Buchkunst und stellte seit 1983 nebenbei die Kunst von Freunden in seiner Wohnung aus. »Eigen&Art« hieß die getarnte Galerie. Schon zu Vorwendezeiten war sie ein Geheimtipp auch in Westdeutschland. Mittlerweile wird die Kunst aus der einstigen Hinterhofadresse auf allen wichtigen internationalen Kunstmessen gezeigt, und Lybke gilt als »erfolgreichster ostdeutscher Galerist«. Seine Galerieräume in der Auguststraße in Berlin sind Anlaufstelle für alle, die die Avantgarde mögen. Lybke macht temporäre Austellungsprojekte in Paris, New York, Wien und London. Und inzwischen sind sie für ihn auch kommerziell interessant.

Mein Weg zum Galeristen hat damit angefangen, dass ich aus Meusdorf komme. Meusdorf bei Leipzig. Dort gab es eine halbprivate Schweinemästerei und einen Dorfteich, auf dem wir im Winter Schlittschuh gelaufen sind. Wenn man mit Worten wie »Schweinemästerei« und »Meusdorf« aufwächst, dann prägt einen das schon sehr, insbesondere wenn man auch noch in einer Straße wohnt, die Erich-Mühsam-Weg heißt. Da macht man sich dann in der Schulzeit seine Gedanken drüber, wer denn dieser Mühsam war. Als ich fünf war, gab es im Westfernsehen die Serie »Lieber Onkel Bill«, in der ein »Jody« mitspielte. Weil ich aussah wie dieser Jody, sagten alle, wenn sie mich irgendwo herumlaufen sahen: Kuck, das ist doch der – und jetzt kommt das Sächsische – Dschudi. Durch diese Namengebung haben sie natürlich indirekt gezeigt, dass sie Westfernsehen kucken. So lief ich als Beispiel und Projektionsfläche für staatsfeindliches Verhalten herum. Das war eigentlich meine einzige revolutionäre Handlung – mein Name »Judy«. Ansonsten war ich statt im Kindergarten natürlich in einer Kinderbande. Wenn die Kindergartenkinder aus dem Kindergarten gekommen sind, haben wir sie überfallen und ihnen ihr Brot und ihre Stifte abgenommen.

Als Jugendlicher wollte ich von Anfang an Kosmonaut werden, weswegen Physik, Chemie und Mathematik für mich ganz wichtige Fächer waren. Parallel dazu wollte ich aber auch immer Schauspieler werden. Später, von 1982 bis 1989, spielte ich am Poetischen Theater Luis Fürnberg, einem Leipziger Studententheater, und führte Regie. Gleichzeitig betrieb ich die Galerie. Einmal auf einer Bühne gespielt zu haben hilft bei der Arbeit in der Galerie. Weniger, weil ich dort eine Rolle spiele. Sondern weil ich mich dem Werk eines Künstlers nähern muss wie ein Schauspieler, der in eine Rolle eintaucht. Man muss sich in das Werk hineindenken können, um es vermitteln zu können. Nach der zehnten Klasse machte ich – den Kosmonauten als Fernziel – eine Berufsausbildung mit Abitur zum Maschinen- und Anlagemonteur im Kirow-Werk. Ein großes Werk, in dem Krananlagen für Eisenbahnen und Schiffe gebaut wurden. Dort arbeitete ich im Bereich Schwermetall und machte beispielsweise meinen Dreherschein. Schweißen kann ich natürlich auch, sogar über Kopf, das ist schwierig. Ich wurde ausgezeichnet. Doch die Auszeichnung hätte darin bestanden, fünf Jahre zum Studium der Kraftwerkstechnik – Fachrichtung Atomkraftwerkstechnik – in die Sowjetunion zu gehen und dort dann noch drei Jahre Praktikum machen zu dürfen.

Leider war ich auf eine so große Ehre gar nicht vorbereitet. Mir ist im Vorbereitungslager in Zittau nämlich schon schlecht geworden. Ich kam gerade von der Armee, und dann das – da habe ich einfach nicht mehr mitgemacht. Daraufhin bekam ich Berufsverbot. Jemand, der eine solche Ehrung nicht annahm, war für das System schlimmer als jemand, der schon immer Gegner war. Damals gab es aber nicht nur das Recht auf Arbeit, sondern auch die Pflicht zur Arbeit, deren Nichterfüllung einen auch ins Umerziehungslager oder ins Gefängnis hätte bringen können. Ich wollte zwar arbeiten, durfte aber nicht. Die einzige Möglichkeit wäre gewesen, zurück ins Kirow-Werk zu gehen und dort an der Stanze zu arbeiten – Bewährung in der Produktion. Ich habe dann an der Kunsthochschule Aktmodell gestanden. Das war offiziell aber gar nicht als Arbeit anerkannt. Doch gerade als die zuständigen Kollegen anfingen, sich für mich zu interessieren, wurde der so genannte Asozialen-Paragraf abgeschafft.

Mit der Galerie startete ich 1983 in meiner Wohnung am Körnerplatz 8 in Leipzig, da war ich 22. Durchs Modellstehen kannte ich ja ein paar Künstler. Natürlich kam auch die Polizei in meiner Wohnung vorbei. Die konnte mit uns aber nichts anfangen – lauter langhaarige Typen, aber in Anzügen. Unsere erste Ausstellung hieß »Die neuen Unkonkreten« – weil wir nicht wussten, worum es geht. Die Wohnung wurde so öffentlich, dass am Ende kein Schloss mehr an der Tür war.

1985 zog ich in eine leere Fabrikhalle. Ich bin hingegangen und habe dem Hausverwalter gesagt: Guten Tag, ich komme vom Kulturamt. Was ja auch stimmte, ich war gerade um die Ecke gebogen, an der sich das Kulturamt befand. Offiziell durfte man keine Galerie eröffnen, also haben die Künstler dort ihr Atelier gehabt und zu bestimmten Zeiten der werktätigen Bevölkerung ihre Sachen vorgestellt – dem Arbeiter an sich, sodass er teilhaben konnte am künstlerischen Schaffen. Die Stasi hat sofort eine Akte angelegt und fünf Personen auf die Galerie angesetzt. Fünf Familien konnten davon leben! Am Ende waren es 18 große Bände, die habe ich mir mal angekuckt. Ein Geruchstuch von mir gab es übrigens auch, und da fragt man sich schon, sportlich betrachtet, wer einem das wohl untergeschoben hat.

Ich bewarb mich damals auch bei verschiedenen Theatern, es gab aber immer dieses Problem mit der Kaderakte. Als ich 1990 rehabilitiert wurde, war ich zu alt für ein Schauspielstudium, also bot man mir Regie an. Aber da waren wir mit der Galerie schon in Tokyo gewesen.

Aufgezeichnet von Gunnar Lützow

Marion Gräfin Dönhoff, 1996

Marion Gräfin Dönhoff, »Zeit«-Herausgeberin
Verantwortung gelernt

Marion Gräfin Dönhoff, Jahrgang 1909, wuchs auf Schloss Friedrichstein in Ostpreußen auf. Ende Januar 1945 floh sie zu Pferd nach Westen und trat im Sommer 1946 in die frisch gegründete »Zeit«-Redaktion ein. Sie leitete das politische Ressort, war Chefredakteurin und ist seit 1973 Herausgeberin der Wochenzeitung. Seit Beginn der sechziger Jahre trat sie aktiv für eine Politik der Versöhnung mit dem Ostblock ein und wurde dafür 1971 mit dem Friedenspreis des deutschen Buchhandels ausgzeichnet. Mit ihrer journalistischen Arbeit sowie über zwanzig Büchern, von denen einige zu Bestsellern wurden, avancierte sie zu einer der wichtigsten politischen Kommentatorinnen Deutschlands.

In der Kindheit, da bin ich sicher, wird der Mensch für sein ganzes Leben geprägt. Deshalb ist es auch so wichtig, wer in dieser formativen Phase Einfluss nimmt. Bei mir waren das merkwürdigerweise nicht diejenigen, die zur Erziehung für viel Geld engagiert wurden, also Hauslehrer und Gouvernanten, sondern unsere Angestellten aus den verschiedensten handwerklichen Bereichen. Zum Beispiel der Kutscher oder der Chauffeur. Von ihnen lernte ich fast alles, was zu ihren Tätigkeiten gehörte. Beim Chauffeur lernte ich, ein Auto zu reparieren. Ich konnte den Vergaser auseinander nehmen und wieder zusammensetzen, und ich wusste, wozu ein Differenzial da ist. Der Kutscher, den wir sehr liebten, brachte mir das richtige Striegeln der Pferde bei und die Mädchen das Plätten. Sie alle stellten große Anforderungen und waren sehr streng mit uns. Bei uns herrschte kein so kühles Verhältnis, wie man es sich zwischen der Herrschaft und den Angestellten vorstellt. Das war ja auch das wunderbare am Leben im Osten, dass es wie eine Art Organismus funktionierte. Jeder wusste, die oben konnten nicht zufrieden sein, wenn die unten nicht zufrieden waren – und umgekehrt.

Schule war für ein Mädchen, noch dazu das siebte Kind, völlig unwichtig. Ich hatte keine Lehrer, sondern mich hat unterrichtet, wer gerade Zeit hatte. Die Sekretärin meines Vaters, eines der älteren Geschwister oder auch einer der baltischen Barone, die bei uns Zuflucht gefunden hatten. Sie alle hatten im Grunde von nichts eine Ahnung und konnten mir daher nicht viel vermitteln. Einmal besuchte ich eine richtige Schule, in Königsberg. Meine älteren Brüder wohnten dort bei einem Onkel, der sie überwachen sollte. Und da wurde ich dazugesteckt. Nach drei Monaten musste ich die Schule jedoch wieder verlassen. Die Lehrer sagten: Es hat keinen Zweck, sie kommt fast jeden Morgen zu spät. Das hing mit der dicken Graupensuppe zusammen, die es in jenen schlechten Zeiten aus Sparsamkeitsgründen immer zum Frühstück gab. Ich mochte keine Graupen, pickte sie deshalb einzeln aus der Suppe, und das dauerte natürlich. Deshalb kam ich immer zu spät. Also, die Schule, das war nichts.

Einmal wurde ein Versuch gemacht, mich in einer Schule in Berlin zu zivilisieren. Doch kurz zuvor erlebte ich einen furchtbaren Autounfall. Unser Chauffeur war im dunklen Königsberg vom Weg abgekommen und in den Pregel gestürzt, der dort zehn Meter tief ausgebaggert war. Ich konnte mich als letzte Überlebende retten. Die Katastrophe spielte dann bei der Aufnahmeprüfung für die Schule in Berlin eine Rolle. Da ich nie vernünftigen Unterricht gehabt hatte – ich war immerhin schon 13 –, wollten die Lehrer feststellen, in welche Klasse ich denn nun gehörte. Das Ergebnis war fürchterlich. Im französischen Diktat hatte ich 33 Fehler, ich sollte über den Großen Kurfürsten schreiben, verwechselte ihn aber mit Friedrich dem Großen, und von fünf Mathematikaufgaben hatte ich nur eine halbwegs verstanden. Die Lehrer hatten so etwas noch nie erlebt und meinten, das Kind habe durch den Autounfall einen Schock erlitten. Aber sie wollten es da behalten und sehen, wie das geht. Es ging dann mit wahnsinnigen Anstrengungen, ich musste pauken, pauken, pauken. Doch jenes Mädchenpensionat blieb nach meiner Kindheit in der ostpreußischen Freiheit ein Trauma.

In meine Potsdamer Zeit fiel auch ein politisches Erlebnis besonderer Art. Zwei jugendbewegte Schulkameraden (ich war das einzige Mädchen in der Klasse) sprachen begeistert von einer neuen Partei, in die ich unbedingt eintreten müsse, die nationalsozialistische Arbeiterpartei. Sie solle auch einen vortrefflichen »Führer« haben. Als ich 1929 – damals in der Oberprima – las, dass Hitler in einer obskuren Schule in

Berlin eine Rede halten werde, fuhr ich von Potsdam aus dorthin. Ich saß nur zehn Meter vom »Führer« entfernt, durchlitt seine geifernde Rede und fand seine Argumente absolut abwegig. »Mit denen will ich nichts zu tun haben«, sagte ich den beiden Klassenkameraden. Nach diesem Erlebnis konnte ich nur noch wachsenden Widerwillen gegen die Nationalsozialisten empfinden. Ich habe dann in Frankfurt Volkswirtschaft studiert. Als die Nazis die Macht übernahmen, bin ich an die Universität Basel gegangen. Der Grund: Ich war enttäuscht über das lahme Verhalten der Studenten. Nur einer erklärte sich bereit, mit mir auf das Dach der Universität zu steigen und die Hakenkreuzfahne herunterzuholen. Die Einzigen, die aktiv zum Kämpfen bereit waren, waren die Kommunisten, darum habe ich diverse Aktivitäten mit ihnen gemeinsam unternommen, beispielsweise Flugblätter verteilen oder Diskussionen arrangieren.

Wenn ich heute zurückblicke, dann war das Wichtigste, was ich gelernt habe, dass man Verantwortung übernehmen muss. Anregungen zu dieser Haltung bekam ich nicht in der Schule oder an der Universität, sondern im Elternhaus und dem ganzen Milieu meiner Heimat. Es ging preußisch, tolerant, liberal zu. Und es hieß immer an die Gemeinschaft, an die anderen denken: Was du für dich selber tust, ist nicht so wichtig. Und noch etwas habe ich von zu Hause mit auf meinen Lebensweg genommen: ein Empfinden für das Schöne. Mein Vater war ein großer Sammler, er hatte eine wunderbare Teppichsammlung und die größte Chodowiecki-Sammlung Deutschlands. Leider ist die umfangreiche, hundert Briefe umfassende Korrespondenz mit Wihelm Bode mit dem übrigen Zubehör verbrannt. Mein Vater war streng, wenn man etwas von seinen gesammelten Dingen zu grob anfasste. Seine Einstellung hat mich nachhaltig beeinflusst.

Ich weiß noch, wie ich mein erstes Gehalt bekam, das ich eigentlich für das Allernötigste hätte ausgeben müssen, denn ich besaß nichts. Aber ich wollte wenigstens etwas Schönes um mich haben, und so kaufte ich mir ein Aquarell von Franz Marc. Getreu der Devise meines Vaters: Ästhetik ist kein Luxus, sondern etwas Lebensnotwendiges.

Aufgezeichnet von Dieter Buhl

Bildnachweis

Ullstein Bilderdienst: 11 27 35 47 51 63 71 83 111 115 123 127 135 139 147 155 167 171 175 179 227 235 239 251

Deutsches Literaturarchiv Marbach: 243 (Foto: Bernd Hoffmann)

Alle übrigen Fotos: privat